誰も知らなかった
ジャイアント馬場

The Giant Baba Nobody Knew

市瀬英俊

Ichinose Hidetoshi

朝日新聞出版

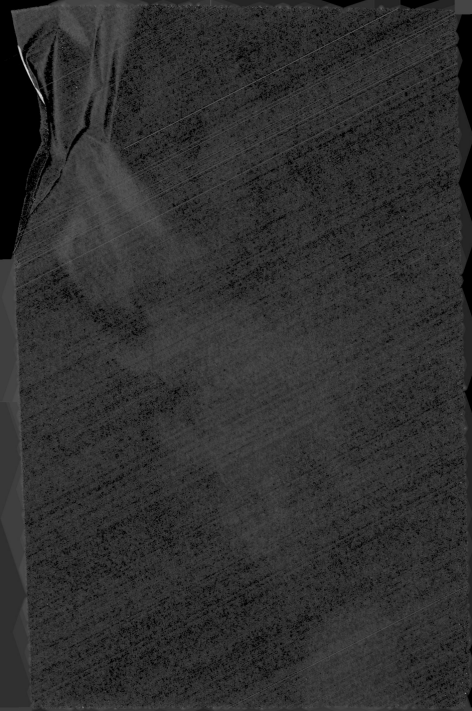

ジャイアント馬場がここ一番の舞台で着用した「鳳凰ガウン」。
着ることのなかった元子夫人の花嫁衣装を仕立て直した

誰も知らなかったジャイアント馬場　目次

【凡例】

本文中、書籍や雑誌・新聞記事などからの引用に関しては細ゴシックで表記し、読みやすさを考慮して一部改行を省略した。手紙やメモといった一次資料からの引用に関しては細ゴシックで表記したものを罫線で囲み、一部漢字や仮名遣いを改めた。(……)は中略を示す。引用文中の〔 〕は筆者注。本文中、敬称は省略した。

*　　　*

装　幀　井上則人(井上則人デザイン事務所)

装　画　伊勢隆則

写真提供　馬場トシ子(164、323ページ)
株式会社 H.J.T.Production(上記以外)

編集協力　株式会社 H.J.T.Production
高崎計三(有限会社ソリタリオ)

序章

高校2年のプロ野球選手

その寺は、なだらかな坂道の途中にある。視界を遮るものさえなければ、明石海峡の向こうに淡路島の北端を望めそうなちょっとした高台に、その寺はある。

兵庫県明石市の閑静な住宅街に溶け込んでいるその寺。名は本松寺《ほんしょうじ》という。

創建は１５９６年。４００年超の歴史を誇る寺の本堂の裏手に、ごくごく一般的な大きさの直方体の墓石が一基、建てられたのは１９９９年5月のことだった。

馬場家各霊位。

のちには故人を容易に連想できるリングシューズを模したモニュメントが墓石のそばに設置されることになるのだが、建立からしばらくの間、墓石の前面に彫られた6個の漢字のみを頼りにして、この馬場は実は「あの馬場」なのだと即座に言い当てることは、極めて困難だった。

それほどひっそりと、墓もまた静けさの中に溶け込んでいる。

あの馬場とは。

プロレスラー・ジャイアント馬場。

昭和の高度成長期から平成のバブル崩壊後まで、約40年にわたってリングに上がり続けた男。生涯現役を貫いた末、１９９９年1月31日、61歳で帰らぬ人となった。

馬場の出生地は新潟県三条市である。明石は妻・元子の出生地である。

自身の父や母や兄が眠る三条には戻らない。明石を永遠の地とする。馬場がそう宣言したのは自身47歳、落葉の季節のことだった。

白い木綿でカバーされた長ソファー、その背もたれに顔を埋めたまま、元子が動こうとしない。ただ慟哭《どうこく》だけが30畳の居間に響く。

1985年11月19日、元子は父・伊藤悌《やすし》を喪《うしな》った。明石市内の実家から火葬場へ、出棺時刻が迫っていた。

「絶対、イヤ！　私は行かない！」

ようやく顔を上げるとその場の沈んだ空気をかき混ぜるかのように、つむじ風にも似た激しい口調で元子は火葬場に向かうことを拒絶した。

悌は元子に無限の愛情を注いできた。同時に元子にとっても悌は最愛の父であった。晩年、悌が病床に伏すと東京から足繁く見舞いに通った。

それでも行かない。いや、だからこそ辛すぎて行けないのか。周囲が困惑するなか、涙が止まらない元子に声を掛けたのは馬場だった。

「いいよ、ユーは行かなくて。僕が代わりにお父さんのお骨を拾ってくるから。このまま家に居ていいよ」

かつてマシオ駒というプロレスラーがいた。1963年、海外武者修行から帰国しメインイベンターの仲間入りを果たした馬場は、初めて付け人を得ることになる。それが駒だった。

駒が馬場の手足となってまもなく、馬場は元子との交際をスタートさせている。駒はごくごく近いポジションでふたりの恋路をサポートしてきた。馬場のみならず、元子にとっても駒は信頼の置ける男だった。

ところが、1976年3月10日。駒が35歳の若さで急逝する。元子は馬場とともに火葬場に行ったが、荼毘《だび》に付された駒を目の当たりにして、その場に崩れ落ちた。強いショックを受けた。そして、二度と骨上げには立ち会わないと心に決めた。

馬場はすべてを理解していた。だから、行かなくていいよと言った。

数時間後。小さな箱に納められた悌とともに親族一同が帰ってきた。

居間にはなおも憔悴の色が濃い元子がいた。馬場がやおら口を開いた。

「お父さんのお墓の横が空いてるから、そこに僕たちも入ろう。そうしたらユーも寂しくないでしょ」

夫が下した決断。さっきとは意味合いの異なる涙で瞳を濡らしながら、妻はコクリと頷いた。

時をおかず、馬場夫妻は本松寺の墓地の1区画、伊藤家の墓石の向かって右隣のスペースを購入した。

1999年。夫の死に伴い、元子はそこを整地して馬場家の墓石を建てた。

だが、骨となった馬場がすぐ埋葬されたわけではなかった。納骨式がおこなわれたのは19年後、2018年の6月のことだった。

ジャイアント馬場と馬場元子。それもまた、ふたりの愛の形だった――。

上越新幹線。終点・新潟駅のひとつ手前、燕三条《つばめさんじょう》駅の改札を抜けると、コンコースには燕市と三条市の地場産業を紹介する大きなショーケース。洋食器や包丁、ハサミなどさまざまな金物が多数陳列されている。

三条の金物産業は江戸時代、1600年代の前半に河川の氾濫《はんらん》に苦しむ農民の救済事業として、江戸から和釘の鍛冶職人を招いたことが起源だという。

明治時代に生まれた馬場一雄もまた、鍛冶を生業にしていた。隣近所の家では包丁やカンナ、ノコギリなどを作っていたが、馬場家は趣を異にした。一雄が持病を抱えていたことから、妻のミツは自宅を拠点に青果商を営み家計を支えたのである。屋号は「梅田屋」といった。

一雄とミツは4人の子どもを授かった。長男・正一《しょういち》。長女・ヨシ。次女・アイ子。そして、1938年1月23日。一雄が47歳、ミツが45歳の時、夫妻にとって19年ぶりとなる男児が誕生した。体重は750匁《もんめ》。今風に言えば約2800グラム。とりたてて大きいわけでもなかったこの赤ん坊は正平《しょうへい》と名づけられた。正しく、素直に、平和に、のびのびと育ってほしい。一雄はそんな思いを名前に込めた。

馬場正平。のちのジャイアント馬場の誕生である。

おとなしい赤ん坊だった。姉たちは正平をあやしながら「まあ、この子、ひとつも泣かないわ」と言って無理やり体を揺するほどに寡黙だった。

物静かな少年だった。ヨシの記憶によれば、両親に怒られたことは一度もなかった。それは正平が孝行息子であったことを示している。

午前2時。近所の農家が梅田屋に野菜や果物を売りに来る。ミツはそれを仕入れ、近隣で開催される市に出向き露店販売をする。ヨシやアイ子も母の仕事を手伝っていたが、正平も身長が急激に伸び始めた小学5年の頃から高校2年の秋まで、その輪に加わり母を助けた。

4時、5時にはたたき起こされ、大根やほうれん草などどっさり積んだリヤカーを引く。当時、三条では2と7、隣町の燕では3と8が付く日に朝市が開催されていた。自宅から10キロ以上離れた見附《みつけ》へは1と6の日、加茂へは4と9の日、さらに長岡へは5と10の日に、それぞれリヤカーを繋いだ自転車を漕いだ。つまりは毎日、近隣のどこかの町では市が立った。

冬になって雪が降れば自転車の代わりにソリを走らせた。市に着いて商品を下ろし、長身を生かして天幕を張るまでが正平の仕事。役目が終わればトンボ返りで帰宅し、今度は学校へと向かう。「今日はサボりてえなあ」と思ったことがなかったわけではない。ただ、文句を言えばミツに「勘当だ!」と一喝されるのがオチ。

どやしつけられたのはほんの数度か。ヨシに目撃の機会を与えなかったほどに、おそらく回数は少なかったのだろう。

正平の心に「男の俺が頑張らなければ」との決意が占拠していたことは想像にかたくない。19歳上の兄・正一は、正平が5歳の誕生日を迎えてまもない1943年2月、多数の日本軍兵士が帰らぬ人となったガダルカナル島に出征し、命を落とした。

正平にとっての正一。記憶はほとんどない。唯一、仙台の連隊に所属する正一が休暇で帰郷してきた時、土産をもらったことをおぼろげに覚えている程度。そこで見たはずの顔もよく思い出せない。写真の中の正一が正平にとっての正一だった。

正一の死を知った正平は、5歳であってもその意味を正確に理解したのだろう、涙をひとしずく畳

母・ミツの隣で行儀よく写真に収まる幼少期の正平。4人きょうだいの末っ子として誕生した

に落とすと、押し入れに隠れてしまった。

しばらくして、顔を真っ赤に腫らした正平が押し入れから出てきた。手には正一が大事にしていた絵具の筆があった。正平はその絵筆で野菜や果物の絵を描くようになった。

三条に戦禍が及ぶことはなかったが、1945年8月1日の夜、長岡の町が焼け野原になった大空襲を、正平は自宅の2階から一雄とともに目撃した。防空頭巾を被った当時7歳の少年の目に、パラパラと落ちていく焼夷弾《しょういだん》は花火のように映った。

そこから2週間後の玉音放送。空襲警報が鳴ると田んぼの中に建てた小屋に一家で身を移す、そんな日々は終わりを告げたが、兄はやっぱり帰ってこない。

正一は遺言状をのこしていた。書道の全国大会で入賞経験がある兄が刻んだ覚悟の一文字、一文字。馬場家の家宝となった遺言状を正平は後年、何度となく読んだ。読むたびに涙が流れた。達筆がかすんでいった。

自慢の長男を亡くした両親の悲しみ、とりわけ母の落胆は、まだ幼かった正平にも理解できた。

「雪が降る夜、真夜中に人が外をサクサクと歩く音を聞くと、あっ、正一が帰ってきたんじゃないかと思ってしまうんだよ」

ミツのそんな言葉を何度耳にしただろう。正平は不平不満をグッと飲み込み、本音を言えば隣の家に行って金づちを持ち「トンテンカン、トンテンカン」と手伝うほうが何倍も楽しかったが、眠気で閉じそうになる瞼《まぶた》をカッと開いて、ザッザッと懸命にリヤカーを引いた。

「ちゃんと正平ちゃんと呼びなさい!」

遊びに来た近所の子どもが、正平のことを「ショッコ」だの「ショーヘー」だの、それがたとえ親しみを込めた表現であったとしても乱暴に呼ぼうものなら、ミツはピシャリと説教した。ミツにとっては正平もまた自慢の息子だった。

のちに正平がプロレス入りを果たした時、寡黙にリヤカーを引く姿をずっと見てきた梅田屋周辺の人たちは「あんな気のやさしい子が、どうして」と首を傾げた。

だが、孝行息子には別の顔があった。それはやんちゃなガキ大将としての一面である。やんちゃな顔。青大将などの蛇を振り回して女子を困らせるなんて日常茶飯事。夏にはスイカ泥棒。桃も失敬した。店の商品である駄菓子のつまみ食いに関しては「常習犯」で、それどころか売上金にもたびたび手をつけては、ラーメンや天丼、カツ丼をかっこんで空腹を満たした。

冬になると下駄にエッジを取り付けて、天然氷が張った田んぼや小川で「下駄スケート」を楽しんだ。走行中のトラックの荷台につかまってアイスバーンと化した道路を滑り、スリルを味わうなんていうのもしばしばだったが、小学5年の冬。この日もひとしきり公道で爽快感を満喫した正平は、川にかかる橋を渡り始めたあたりで荷台から手を離した。すると次の瞬間、スキージャンパーのごとく宙を舞い、橋の欄干をも飛び越え川の水面に……。

たまたまそこにあった根雪の塊に勢いよく乗り上げたせいで飛んでいった。水は身が凍えるほどに冷たかったが、正平にとっての幸いはダイブした先が信濃川の支流である一級河川の五十嵐《いからし》川だったこと。15メートルほどの広い川幅ゆえ、河原の石ではなく水が体を受け止めてくれた。水深も約3メートルあったことで、川底への激突を免れ九死に一生を得た。

同じく大事には至らなかったものの、警察沙汰を起こしたこともある。こちらは小学5年の秋。2、3人の友人と近くの山に栗拾いに行った帰り道、国鉄の線路で度胸試しをした。方法は線路を枕がわりにして大の字になる。

「俺たちは死刑になった！」

最初は威勢よく皆で叫んでみたが、いざ汽車が迫ってくると友人たちはわれ先にと逃げ出した。ひとり残された正平。ギリギリのところで逃げるつもりで、線路の真ん中に立って両手を大きく広げてみせた。すると、汽車は急停車。

ギギギギギーーッ。急ブレーキの余韻が耳の奥でこだましていたが、正平はそれを振り切るようにほうほうのていで家へと駆けていった。

翌日。警察署から呼び出しが。

バレた。ミツに連れられ身を縮めて「出頭」した正平。通されたのは署長室。だが、待っていたのは思いもよらぬ謝辞だった。

「列車妨害を未然に防いでくれてありがとう」

聞けばあのあと、汽車を停めた機関士が線路上に並べられた石を発見したのだという。「子どもにしては大きかった」。機関士の証言によって正平の存在が浮かび上がり、危機を知らせた勇敢な少年として褒められたという次第。ただ、その石を並べたのは友人のひとりであり、そもそも正平は「共犯者」とも言えるわけで、なんともむずがゆい思い出となった。

これらのエピソードは、ガキ大将としての輪郭を際立たせる。

1944年4月、四日町国民学校（のち三条市立四日町小学校。2014年3月閉校）に入学した時点ではクラスで最も身長が低かったが、気がつけばどの同級生よりも、ある時期からは担任の教師よりも高い視線を得た。

正平の曽祖父は巨漢で、草相撲で活躍したという逸話が馬場家にも伝わっていたが、一雄は不安を覚えるようになった。自身の身長は低いし、近い親戚にも長身はいないのに、どうして正平はこれほどまでに大きいのか。

一雄は医師に相談した。医師からは「体に異常はないし、学校の成績も普通。何も心配することはないですよ」と言われ、安堵《あんど》した。

ただ、日常生活では苦労を強いられた。ミツが着物を縫ってやろうとしても、生地が一反では足りなくなった。靴もすぐサイズが合わなくなってしまう。ついには三条の靴屋にある中で最も大きい十二文（28・8センチ）の靴でも足が入らなくなった。

両親が奔走するほどに急成長した正平は、同級生から頼られる存在になった。

ガキ大将と言っても自らケンカを売ったり買ったり、ということはしない。ただ、どこかでケンカが起こるとたびたび仲裁に引っ張り出された。無論、腕力をもって事態の収拾を図るのではない。威圧感をもって矛を収めさせた。

「殴る」という行為と無縁の人生を送ってきた正平は、言わば穏健派のガキ大将だった。誰かを蹴飛ばしたこともなければ、両親からゲンコツひとつもらったことはない。

それは中学時代のある日の出来事。教室の後方で大きな音がした。皆が振り返ると、グチャグチャになった机の向こうで、正平が同級生にのしかかっていた。大きな体の下で同級生は何もできない。正平もそれ以上、何かをしようとはしない。周囲が両者を引き離す。シクシク泣き出したのは、席に戻った正平だった。お前、なんで泣いてんだ。誰かが問いかけた。正平は何も答えなかった。

何か心ない言葉を浴びせられたのか。それとも、使い方ひとつで簡単に他を圧倒してしまう自分の肉体。その現実に対する涙だったのか。

戦いを嫌悪するガキ大将がたった一度だけ、それも同級生たちの目の前で、平手打ちを食らったことがある。中学2年の時。廊下を走ったという理由で、男性教諭からビンタを食らった。やがて頬の痛みは失せていったが、心に負った傷は消えることがなかったと、のちに著書で告白している。

両親にも殴られたことのないオレには生まれて初めてのショックで、これだけは絶対に忘れません。その先生は凄いハンサムで女子生徒に人気があったんですが、オレは今でも嫌いです。催しものなどがあって三条に帰った時、その先生がいるとオレはソッポを向きます。顔を合わせたくないし、話もしたくないんです。もう50年近くも前の話ですが、ついこの間のことのように覚えているんですよ。殴った方は忘れているんでしょうが、殴られた方は一生忘れられないんですね。

(『ジャイアント馬場　オレの人生・プロレス・旅』より)

そんな正平が、殴る蹴るが商売のプロレス界にいずれ身を投じるのだから、人生とは不思議なものだ。周囲の人間が首を傾げたのも合点がいく。

かつての穏健派少年に、師・力道山はこう説いた。

「プロレスの原点はケンカだ」

この言葉は正平の心にどう響いたのか。それはまだまだ先、ピンタ事件から8年後の話である。

孝行息子であり、やんちゃなガキ大将でもあった正平にはもうひとつ、スポーツ万能少年としての顔があった。

たとえば水泳。夏を迎えると「六尺ふんどし」を腰に巻き、自宅からも近い信濃川と五十嵐川の合流点で、まだ透明度の高かった水と一体になった。

正平は32歳の時、ハワイのホノルル中心部、アラモアナセンター近くのマンションの一室を購入している。

マンションのプライベートプールでも、正平はよく泳いだ。誰かに泳ぎ方を習ったわけでもなかったが、クロールも平泳ぎも背泳ぎも極めてスマート。飛び込みをしても大きな飛沫《しぶき》が上がることはなかったという。

潜水も得意だった。1辺十数メートルのプールをゆったりと往復していく。そのうち日光浴をしていたプールサイドの住民たちがゴソゴソ起き出して「スリー、フォー、ファイブ……」と往復の回数をカウントし始めるのが常だった。

やがて水面に浮上した正平が鯨の潮吹きのごとく「プハーッ」と大きく呼吸をすると、その場が拍手喝采に包まれるのも恒例だった。数分に及ぶ潜水は人並外れた肺活量のなせるワザだった。

六尺ふんどしの出番は相撲を取る際にも訪れた。体が大きくなってからは向かうところ敵なし。近所の祭りで開催された子ども同士の勝ち抜き戦でも圧勝劇が続いた。ついには行司役の大人から「お前はもうやめてくれ」と自主的な不戦敗を迫られたほどだった。

複数の球技においても正平は輝きを放った。小学生の頃にはドッジボールでクラスのヒーローになったが、たとえば卓球。中学時代、体育館の隅にあった卓球台で友人たちと遊び始めたのがきっかけだった。

下校後、町の卓球場に通うだけでは飽き足らず、ついにはどこからか板を集めて自宅の2階にお手製の卓球台も用意。金づち使いはお手のものだった。

やがて大人相手にも勝利を収めるようになった正平は、中学3年時に3人の同級生とともにチームを結成。正規の運動部ではなかったことから学校には内緒で、中越地区の中学卓球大会に出場した。すると、正平は個人戦で頂点に立った。いや、立ってしまった、と書くべきか。当然、学校サイドの知るところとなり、担任からは「受験勉強をサボって何やってるんだ!」とお目玉を食らうハメに。ただ同時に、優勝の事実については「我が校にとっても名誉なことだ。よく頑張ったな」と褒めてもらえた。

バスケットボールでも正平は他を圧倒した。長身を利したプレーで得点を量産。高校入学直後には、クラス対抗の球技大会で上級生チームをもなぎ倒して優勝した。ボールは片手でつかむことができたという。それほど手も大きかった。

しかしながら正平にはバスケットのボールよりも、卓球のラケットよりも、ましてや金づちよりも握っていてしっくりくるものがあった。

野球のボールである。

原点は小学3年の頃。神社の境内《けいだい》での三角ベース。ボールは手作りの布製だった。芯には木や石を用いて、毛糸を巻きつける。それを布で覆い木綿糸か、手に入れば畳糸か、もしくは靴屋が使う糸で縫い合わせる。そのゴワゴワ、ゴツゴツとした球体を自分たちで削った木の棒で打つ。それが正平が体験した最初の野球だった。布ボールの損傷は激しく正平も毎晩のように繕ったが、翌日の試合を想像すれば、夜なべもまた楽しかった。

終戦から約3年。三条にも徐々に物資が出回るようになり、軟式球を使う少年野球団『若鮎クラブ』が結成された。小学5年になった正平も加入、エースとしてマウンドを任された。バッティングでは校舎の窓ガラスを割ったことが自慢の種だった。

1950年4月、三条市立第一中学校に進学した正平は迷うことなく野球部に入った。ただし、一年のうち実質的な活動期間は約半年。季節が進み校庭が銀世界に一変するとシーズンオフになる。そこで冬場、野球への飢餓感を埋めてくれたのが卓球やバスケットボールだったのだ。

チームメートに好投手がいたため、正平の中学野球はファーストから始まった。エースとなったのは3年になってから。正平の記憶によれば、チームが敗れたのは練習試合の一度だけ。快進撃を続け、夏には中越地区の大会で優勝した。

その実績をひっさげて正平は1953年4月、県立三条実業高校（現・県立三条商業高校）に進学することになるのだが、実は就職も視野に入れていた。

選択肢として考えていたのは地元の三條機械製作所。会社の規模が大きく、軟式野球の強豪だったことも魅力的に映った。一方、15歳で東京に出る可能性もあった。実際、出版取次会社の日本出版販売（日販）の一次試験を新潟で受けている。これをクリアし、東京でおこなわれる二次試験の通知がまもなく家に届いた。

その通知ハガキをまじまじと見つめたミツ。正平と正対し、言った。

「やっぱり、高校に行きなさい」

母に反対されてまで就職するつもりもなかった正平は、高校受験に舵を切る。何より高校に入れば硬式のボールで野球ができる。そのことも背中を押した。

当時、三条実業には商業科と機械科があった。日々リヤカーを引いて野菜を運んできた者とすれば、商業科を選ぶのが筋だろう。だが、正平は機械科を受けることにした。理由は商業科との比較で低倍率が見込まれていたため。ところが、願書提出が締め切られると機械科のほうが高倍率であることが判明。正平は慌てて猛勉強し、どうにかこうにか、桜を咲かせた。

ゴワゴワ、ゴツゴツといった擬態語とは縁遠い、まっさらな白球でもうすぐプレーできる。正平の胸は高鳴った。満開の春が訪れた、はずだった。

突風が吹いた。咲いた桜は儚く散り、大量の花吹雪が正平の視界を遮った。マウンドはすぐそこにあるのに、足が動かなかった。

自伝『王道十六文　完全版』にはこうある。

三条市立第一中学校時代、野球部に所属した正平（中央）は3年生になるとエースとして活躍

高校に入りさえすれば無条件で硬式野球が出来るものと決めこんでいた私は、ある一つの現実にぶつかって、言いようのないショックを受けた。私の足に合うスパイク・シューズがないのだ。街の草野球ならズック靴でもかまわないが、高校野球となるとそうはいかない。八方手をつくす――といっても八方どころか二方も三方も知らない田舎の高校1年生とその母親の八百屋さんでは、なすすべはなかった。

（『王道十六文　完全版』より）

1995年12月。ジャイアント馬場のプロレス生活35周年記念の特別番組が日本テレビ系列で放送された。その中で15歳当時の正平の足のサイズが紹介された。

31・2センチ。ずいぶんと中途半端な、なおかつ細かい数字であるが「十三文」を換算するとこうなる。

身長190センチ台の高校球児も珍しいことではなくなった2020年。しかし、野球用品メーカー「ミズノ」の公式サイトをあたってみても、スパイクの一般的な取り扱いは最大30センチまで。終戦から8年弱の、それもましてや三条周辺で十三文の野球スパイクを買い求めようとする行為は、それこそ大量に散った花びらの中から特定の一片を見つける作業ほどに困難だった。

絶望的なまでに。いや、絶望を正平は味わった。バスケットボール部からも勧誘を受けたが、本格的なバスケット・シューズもまた一片の花びらだった。

時に、十三文が凶器と化したことを正平はのちに告白している。

「高校時代、バスケットのゲーム中、相手選手の足をふんだら、その選手の足がつぶれて、一週間以上医者に通わなければならなくなった」

(『ベースボール・マガジン』1955年3月号より)

正平は大足を呪った。

『ベースボール・マガジン』の同号では「日常生活で困ることは?」との質問にも回答を寄せている。

「背丈が人一倍大きいもんで、道をあるいていても、ジロジロみられることです」

(同前)

正平は長身を恨めしく思った。

大相撲の世界から勧誘されたのは高校1年の時だった。小学生の頃には「お前はもうやめてくれ」と言われるほどに強かった相撲を、正平は中学に進むと自身の意思で拒絶した。アイツはただ体が大きいから勝ってる。そう見られることが耐えがたかった。

そこへ予期せぬスカウト。校門の前に現れたのは燕出身の力士、相葉山の叔父を名乗る男だった。

正平は逃げ回った。自宅にまでやってくれば押し入れに隠れた。それほど嫌だった。「相撲はスパイクがいらない。裸足で取れるぞ」と言われているような気がしたからだ。思い込みに過ぎないことは分かっていたが、無性に情けなかった。ふすま一枚はさんでじっと身じろぎもせず、正平は唇だけを強く噛んだ。

「ウチの息子は、相撲取りとボクサーには金輪際させません！」

最終的にはミツがきっぱり断った。力道山がシャープ兄弟と闘い、プロレスが日本列島に一大ブームを巻き起こしたのはこの翌年、1954年のこと。ミツには「プロレスラー」という概念がまだなかった。

足のサイズが31・2センチと紹介した前出の特別番組は、正平の15歳時点の身長にも触れている。190センチ。六尺三寸からの換算。15歳男子の全国平均身長が157・6センチだった1953年当時の190である。

正平が困惑したジロジロ。たとえその多くが「うわあ、大きいね」という感嘆の眼差しだったとしても、多感なティーンエージャーにとっては好奇という名の鋭利な刃《やいば》に他ならなかった。

周囲が気づかぬうちに、正平の心は深く傷ついていた。痕跡はある。さまざまな場面での集合写真。後列の正平。横に並ぶ人たちと頭の高さがそう変わらない。自分だけが目立たぬようひざを折っていた。中学3年の夏、エースとして優勝に貢献した中越大会終了後の集合写真には、蹲踞《そんきょ》の姿勢で表彰状やカップを誇らしげに掲げるチームメートの肩越しに、しゃがみ込む正平がいる。申し訳なさそうに背を丸め首をすくめるヒーローがいる。

高校の入学式でも終始うつむいていたという正平。ある日の課外授業では教師を驚かせた。川で正平が同級生2人とともにボートを漕いでいたところ、そのボートが転覆した。しかし、正平は取り乱すことなく、同級生2人を脇に抱え込んだ。水面からは正平の顔だけが出ていた。そのまま河岸まで歩いて戻ってきた。教師はホッと胸を撫で下ろした。

その頃だった。正平がモルモン教に深く傾倒していったのは。

モルモン教とは俗称で、正式名称は「末日聖徒イエス・キリスト教会」。1830年にアメリカで生まれたキリスト教系の新宗教である。

『王道十六文』によれば、梅田屋の得意先の一つに、街はずれのモルモン教の教会があった。正平はそこへしばしば自転車で配達に出向いた。

ペダルに乗せる左右の足。気の利いた靴はもう三条の靴屋には売っていない。夏は裸足で、寒さが募ってくれば下駄を履いた。「京都で見た弁慶の下駄より大きい」と評したのはミツだった。

「こんにちは、梅田屋です」

正平が野菜や果物を渡そうとすると、対応した外国人宣教師の視線が斜め下を向いた。その日は裸足だったのか、それとも下駄だったのか。いずれにせよ、よほど足もとが冷たく見えたのだろう。宣教師は後日、正平に自身のオーバーシューズをプレゼントした。

なお、東京新聞の連載記事をまとめたもう一冊の自伝、1994年刊行の『16文の熱闘人生』には、梅田屋の近くに外国人宣教師の世話をする日本人女性の家があり、そこに正平が野菜を配達したのが教会を知るきっかけ、とある。

中学3年時とされる正平とモルモン教の出合いについて、正確なところは定かではない。だが、靴の上から履く長靴のようなゴム製のオーバーシューズを、正平が受け取ったことは間違いない。特に冬場、その贈り物は正平の足を温めた。足のぬくもりは、心をも温かくした。

正平はモルモン教徒の集まりに顔を出すようになった。高校に入り硬式野球の扉が閉ざされると、その頻度は増していったのかもしれない。迎えた1953年12月26日。正平は高校1年の冬に洗礼を受けた。雪が舞うなか、5年前にはやんちゃをして勢いよく飛び込んだ五十嵐川に、今度はゆっくりと身を沈めた。浸礼と呼ばれる厳かな儀式を経て、正平はモルモン教の信者となった。

明けて1954年。三条では正月三が日の朝、餅にあんこを掛けて食べるのが習わしになっていた。硬くなった餅を水から茹で、軟らかくなったところで丼に入れる。そこにあんこを掛ける。あんこは粒あん。おたまで丼いっぱいになるまで掛ける。

餅は10個じゃ物足りず、15個でも満腹には遠く、20個ぐらいはへっちゃらで。三が日限定の御馳走とあって、正平はここぞとばかりに食べた。近所の子どもたちと胃袋に納めた餅の数を競い合うのがまた楽しかった。

いつもと変わらぬ正月の風景。ただ、モルモン教の戒律に従って、カフェインが入った日本茶には手を伸ばさなかった。いつもとは異なる初春でもあった。

三が日が明け、リヤカーを引く日常が動き始めた。高校の授業が再開すると、正平はクラブ活動にも没頭した。

野球部に途中加入したわけではない。硬式球の代わりに右手で握ったのは、絵筆だった。正平は美術部の一員となっていた。

そもそも小学生の頃から図画は体育とともに好きな教科だった。授業だけでは飽き足らず、五十嵐川の河原では釣り糸を水面に垂らしている間、スケッチブックを開き正一が遺した絵筆で写生をする。それが春先や秋口の放課後の過ごし方でもあった。

その腕前は教師も認めるところとなり、正平は小学5年の頃から中学を卒業するまで毎年のように、運動会や学芸会の告知ポスター描きを数人の生徒とともに任された。完成したポスターが街中に張り出されるたび、自信を手にしていった。

野球部に入れなかった正平は、次善の策として美術部の門を叩いた。だが、周囲は当然のことながら不思議がる。

「どうして野球をやらないんだ?」

ド直球の質問に対して「足に合うスパイクがないからだよ」と真正面から答えることは、どうしてもできなかった。本当の理由は、言えなかった。

「もうスポーツはやめて、絵に専念するんだ」

正平はふんわりとボールを投げ返した。精一杯の虚勢だった。

美術部では油絵の基礎を学んだ。部室にこもって黙々とキャンバスに向き合った。

コーン、コーン。

窓の向こうから打撃練習の音が聞こえてきた。ついさっきまで静寂が支配していた部室で、正平は思った。

ああ、野球をやりてえなあ。

同時に、一日も早く冬よ来い、と願った。雪が降ればグラウンドに球音が響くことはなくなるから。

1954年4月。高校2年の春。再び巡ってきた桜の季節。大量に散った花びらの中から、正平が欲しくて欲しくてたまらなかった一片の花びらを探し当ててくれたのは野球部の部長、渡辺剛だった。

「これを使いなさい」

渡辺が正平に差し出したのは大きな大きなスパイクだった。

実際に費用を出したのはミツという話もある。ふさぎがちな息子になんとか元気を出してもらいたい。そこで渡辺と相談し、野球部から勧誘する形を取ってもらった、との証言がある。

真相はどうあれ、正平はまたしても周囲の愛情によって救われた。「絵に専念する」との前言を早々に撤回し、野球部に籍を移した。

大きなバッグを抱えて汗臭い部室に入っていった正平。

「おい、馬場。なんだよ、それ。見せろよ」

照れくさそうに微笑を浮かべる新入りに向かって、同級生の部員から声が掛かる。「笑うなよ」と正平。「笑わないから見せろよ」と同級生。正平がバッグを開けてスパイクを披露すると、部室は大笑いに包まれた。

その大笑いもまた、正平にはうれしかった。スパイクを履くや否や、雪が溶けたばかりのぬかるんだグラウンドを駆け回った。硬式球も初めて握った。そして、投げた。感激した。ただただ、感激した。

ここを起点に読売巨人軍入団へ、運命の歯車は加速をつけて回転していく。

1955年1月21日。三条のぬかるみを走ってから1年と経たず、正平の姿は宮崎県串間市にあった。巨人軍の新人スプリングキャンプ。翌22日付の読売新聞は正平の足もとに着目した。

馬場は十四文の大グツを郷里で作ってきたが、二軍（読売ジュニアジャイアンツ）を率いる新田恭一は「あれでは靴の作りが雑でなにがなんでも走れない」として、ボール紙で足型を取り、東京の業者にニューシューズのオーダーをかけた……というのが記事の大筋である。

ここでの大グツとは、渡辺からのプレゼントを指しているのであろう。発注を受けた燕市の靴屋が作ったとされるスパイクは、プロのそれも巨人軍の選手が履くには、いささか粗い出来栄えだったのだろう。

それでも、高校2年の正平にとってはマウンドの土にザクザクッと食い込んで、自身の巨体を十分に支えてくれる、頼りがいのある相棒だった。

正平は入部からまもなく、エースとしてスタメンに名を連ねるようになった。中学時代に中越地区を制した右腕は健在だった。チームは練習試合で7連勝を飾り、正平は1試合18奪三振を記録したこともあると著書に記している。

前年までの戦績で判断すれば、三条実業はお世辞にも強豪とは言えないチームだった。甲子園につながる夏の大会に初めて出場したのが終戦から2年後の1947年で、初勝利を挙げたのが1951年。翌1952年には中越地区で2勝し県大会へとコマを進めたが1回戦で敗退。1953年は1勝。そんな伝統もない弱小校が一人の巨漢投手の出現によって、俄然注目を集めることになる。

大会を前に、朝日新聞の新潟県版は三条実業を〈調子づくと恐いチーム〉と評したうえで、次のような展望記事を載せている。

投手以下六人が卒業したのでチームは二年生中心に編成され、一年若返っただけに試合なれせず安定性がない。調子に乗れば実力以上の力を発揮するが、反対に崩れるもろさがある。春の中越大会で強豪長商を9－3で打ちとったが、北信越大会では反対に9－0で大敗している。主戦投手馬場は六尺三寸四分という恐らくは全国高校野球界第一の巨漢であろう。ところが球速もなく、カーブのキメ球も持たぬが、その巨体から投げ下す重い球は、打たれても伸びない。凡打で打ちとるという戦法。渡辺野球部長は〝球にもう少しスピードが加わればな――〟と長嘆している。

（『朝日新聞』新潟県版、1954年7月6日付より）

文中に登場する「長商」とは長岡商業を指す。当時、新潟の高校が夏の甲子園に出場するには、まず県でベスト4以上の成績を残し、信越大会への出場権を得る。そこで長野県勢を含めたトーナメントを制す必要があったのだが、この1954年、夏の新潟の頂点に立ったのが長岡商業だった。

結局、その「長商」も信越大会を勝ち抜くことはできず、長野県の松商学園が甲子園切符をつかんだ。それはともかく、春の段階で実力校の長岡商業を倒したことにより、三条実業は一目置かれる存在になった。

7月18日。長岡悠久山球場。三条実業は中越地区大会の1回戦に臨んだ。相手は長岡高校。春の公式戦では4対1で撃破、正平は完投勝利をマークしている。

それだけに自信を携えてのマウンドだったはずだ。事実、先発した正平は8回を投げて4安打しか許さなかった。奪三振は2個に留まったが、自責点は0だった。

好投した。しかし、試合には負けた。0対1。7回裏二死一、三塁から失策がらみで1点を失った。これが決勝点になった。

早すぎる夏の終わり。このあと正平は秋の大会にも出場したが、やはり中越地区を突破できなかった。

一般的な高校2年生であれば、翌年の夏を見据えることになる。そのために冬をどう過ごすか、あれこれ思案する。正平も考えたのだろうか。いや、おそらくは考える暇もなく運命の歯車は猛スピードで回転した。

読売巨人軍からのスカウト。夏の大会の投球を見た読売新聞の記者から球団に連絡が入り、投手担当のコーチ・谷口五郎が動いたことが端緒となった。正平は一般的な高校球児の範疇に収まらない、まさに規格外の16歳だった。

スカウトされた際の心境について、筆者は58歳当時のジャイアント馬場に直接尋ねたことがある。40年以上前の記憶を呼び起こす作業でありながら、答える口の動きは極めて滑らかだった。

「その時分はテレビなんてないから、野球の情報はもっぱらブロマイドが頼りだったな。巨人では大友〔工〕、藤本〔英雄〕、千葉〔茂〕、川上〔哲治〕、青田〔昇〕……。ほかの球団では別当〔薫〕とか、藤村〔富美男〕、土井垣〔武〕、若林〔忠志〕、荒巻〔淳〕。そんなもんだった。やっぱり巨人が主流でしたよ。(……)だから、高校2年のときに、巨人軍から入団の誘いが来たなんていうのは、夢のまた夢の話でね。学校は中退して、1月からすぐキャンプになるわけだから、その前の年の12月の試験なんて、もうウカれちゃって、勉強どころじゃない。だから今でもときどき夢を見ますよ。試験があって、全然できない夢(笑)」

(『週刊ベースボール』1996年2月12日号より)

そもそも正平は小学5年の時、現代のファンクラブに相当する『少年ジャイアンツの会』に入会。この時代の大多数の男児がそうだったように、生粋の「G党」だった。ミツにせがんで小遣いをもらい、少年野球の仲間とともに新潟市の白山球場で巨人対中日戦を観戦をしたのは小学6年、1949年5月19日のことである。

千葉がいる。青田がいる。あれは川上だ！

「よし、俺もいつかは巨人のユニフォームを着てみせるぞ」

そう心に誓った日から5年と数カ月。梅田屋の居間、自分の目の前にスカウトの源川英治がいる。正平は正座をしたまま両手で両ひざをグイッと押さえつけ、体の震えを止めた。

巨人軍が提示した契約条件は支度金として20万円、初任給1万2000円だった。ちなみにこの年の高卒国家公務員の初任給が5900円。大卒でも8700円。遅れること3年、1957年秋に巨人入りした立教大・長嶋茂雄の契約金1800万円、年俸200万円と比べればその待遇には歴然たる開きがあったが、20万はおろか10万円の束でさえ見たことがない正平は、思わず立ち上がりそうになった。グイグイッと両手にいっそう力を込め、衝動を抑えた。

高校を中退することにためらいはなかった。実は正平、バッテリーを組んでいた同じ2年の高橋伸義に誘われ、新興球団である高橋ユニオンズの入団テストに臨もうとしていた。

筆者は前出のインタビューにおいて、そのあたりの経緯についても尋ねた。


「ユニオンズという球団があって、そこに試験を受けに行こう、と言った人間がいたんですよ。同じチームのキャッチャーなんだけど。まあ、早い話が、僕をダシにして2人で野球をやりたいということですよ。それで実際に申し込んだら、ユニオンズの方から「来い！」と言ってきた。だけど当時、ユニオンズは岡山にあって、行こうか行くまいか迷ってるうちに、今度は「川崎球場に来い」と言ってきた。それでも、どうしようかな……なんて言ってたら、巨人軍から話があったんですよ。（……）これが高校3年だったら、僕も積極的に活動しただろうけど、ユニオンズでもなんでも……。でも、まだ2年生だったからね。そう考えると、なんで僕は高校2年で巨人に連れて行かれたのかなあ（笑）」

（同前）


当時、岡山はユニオンズの準フランチャイズのような位置づけ。本拠地は川崎球場だった。もし、最初から「川崎に来い」と指示されていたら、それでも正平は迷ったか。

1954年にパシフィック・リーグに参入したユニオンズ。初年度が8球団中6位、2年目と3年目はともに最下位に沈んだ末、1957年2月に大映スターズに吸収合併された。選手層は薄く、仮に正平が入団テストを受けていたなら、合格の可能性は十分にあったと推察できる。

ユニオンズには通算303勝の大投手、球界最長身と称された191センチのヴィクトル・スタルヒンが所属していた。正平はスタルヒン2世のキャッチフレーズを得て、大々的に売り出されていたかもしれない。

だが、すんでのところで巨人軍に見出され、スカウトを前に正座をしている自分がいる。大相撲からの勧誘は頑として拒絶したミツも、この時は笑顔で対応した。息子の夢はもちろん把握していた。

「野球ができるのなら、好きなようにしなさい」

母の言葉を受け、正平は源川に頭を下げた。

「お世話になります。よろしくお願いします」

源川が梅田屋をあとにすると、正平は両ひざを押さえつけていた力を一気に解放し、裏庭で狂喜乱舞した。

10月13日付の読売新聞は運動面で正平の巨人軍入団を伝えた。記事には〈信越球界の巨体選手として知られている馬場正平投手と契約した〉とある。地方大会1回戦負けの投手に過ぎない正平ではあったが、この時点ですでにそれなりの一般的知名度とニュースバリューがあったことがうかがえる。

急変する日常に動揺した正平の父・一雄は、三条の有名な占い師のもとを訪ねた。

「息子の運勢はどうですか?」

占い師は言った。

「この方はあなたに大変心配をかけることがあります。しかし、その後に必ず考えもつかないような幸運な道が開けますよ。あなたのお子さんを信じることです」

11月20日。正平はミツ、さらには野球部部長の渡辺とともに上京した。目的は持病として抱えていたヘルニア（脱腸）の再手術。幼い頃、三条で1度メスを入れており、運動をするうえで大きな支障はなかったものの、プロ入りにあたって万全を期すための治療だった。

入院先の病院では新人選手恒例の身体測定も公開でおこなわれた。

正平が身長計の上に立つ。だが、頭がつっかえてしまった。女性看護師が台に乗って横から手を伸ばし物差しを継ぎ足すと、ここぞとばかりに報道陣はカメラのシャッターを切った。

結局、精緻な数字は明らかにならず、六尺三寸強と報じられた。正平自身は六尺三寸五分（約192・4センチ）だったとのちの取材に答えている。

体重は二十六貫強。すなわち97・5キロ強。肺活量も最大6000CCの測定器では用をなさなかった。立ち会った医師は推定6700CCと記者に伝えた。

手のひらや足裏の写真も報道陣に撮られた。比較対象として横には女性看護師の手と足が置かれた。

身体測定の模様を報じた『週刊ジャイアンツ』はその6文字を見出しに掲げた。

〈巨人中の巨人〉

12月11日付の読売新聞は、あらためて正平にスポットライトを当てた。

〈来年のルーキーを探る　空前の大男ブーム〉

この時点で各球団に入団が決まった総勢88人の投手のうち、身長六尺（181・8センチ）以上が

10人いるというのが記事の概要。球界に大型化の潮流が生まれているのだという。正平はその10人の中でも最長身。顔写真は最上位に配された。

潮流を敏感に察知した巨人軍。ゆえに正平を高校2年の段階で青田買いした。硬式のキャリアは半年にも満たないが、いずれ化ける可能性は秘めている。他球団が目をつける前に素材をひとまず確保しておく。そうした構図が透けて見える。

この1954年シーズン、セ・リーグは中日が優勝し巨人軍は4連覇を逃している。チームの血を大胆に入れ替えたいとの思惑も働いたのだろう。正平を含めて獲得した新人選手は実に20人。55年度の登録選手55人の4割弱にあたる。

しかし、そんな球団事情や球界の潮流など、正平にとってどうでもいいことだった。55分の1になれた。その事実はもう揺るがない。

三条では正平の壮行会がいくつも開かれた。市長とは握手も交わした。商店街ではサイン会。自分の名前をどれだけ書いただろうか。右手の疲労も心地よかった。

リヤカーは上京ギリギリまで引いた。どこの市《いち》に行っても声を掛けられた。

「もうリヤカー引きはやめたらどうだ。風邪でも引いたら大変だぞ」

正平は三条のみならず、新潟県全体の希望の星になっていた。

支度金の20万円はミツに渡した。ミツはその金を使って正平のオーバーコートを新たに仕立てた。

この冬、新潟地方は戦後最大の豪雪に見舞われていた。

正平は詰め襟の学生服の上に真新しいコートを羽織り、野球道具と聖書が入ったカバンを肩にかけ、

三条実業高校を２年生の冬に中退し、憧れの読売巨人軍のユニフォームに袖を通した

東三条駅から上野駅へと向かった。プラットホームでは多くの人が「頑張れよ」と手を振った。

1955年1月17日。当時は有楽町にあった巨人軍の球団事務所で、正平は同期6選手とともに入団式に臨んでいる。この場でユニフォームを受け取った。背番号は59だった。

1月21日。宮崎県串間市で新人選手によるキャンプがスタートした。この年、一軍の主力組は2月2日から3月16日までの日程で中南米7カ国に遠征している。残留組の藤本英雄、助監督を兼任する千葉茂らは2月1日、串間キャンプに合流した。

そして、当時の読売新聞によれば3月3日。串間組は兵庫県明石市にキャンプ地を移している。総勢30人。その中でひときわ背の高い59番が、キャンプを見学していたひとりの女性の目に留まった。

17歳と15歳。ふたりの物語が始まろうとしていた。

第1章

生きていくための選択

『東京読売巨人軍五十年史』によると、巨人軍は『大日本東京野球倶楽部』時代の1935年1月14日、静岡電鉄球場（現・静岡草薙《くさなぎ》球場）で初のキャンプをスタートさせている。なお、2月に日本を離れ7月に帰国したこの長期遠征の目的はアメリカ遠征に向けてのトレーニング。

征中にチームの愛称が『東京ジャイアンツ』となり、のちに『東京巨人軍』が正式な球団名となった（1946年まで）。

静岡での春季キャンプは1938年まで続いたが、1940年に巨人軍は関西へとキャンプの拠点を移した。それが兵庫県明石市だった。

以後、1950年代の終わりまで、他の土地に譲ることもわずかにあったが、明石の人間にとって土にまみれる巨人軍選手の姿は春の到来を告げる風物詩となった。

当地で石油会社を経営していた伊藤悌も、キャンプが始まればもう居ても立ってもいられず、明石公園第一野球場（現・明石トーカロ球場）に足繁く通った。悌自身も野球をかじったことがあり、沢村栄治やスタルヒン、川上哲治や水原茂といったスター選手たちの練習風景に目を凝らした。

そこから縁が生まれ、悌は巨人軍の関係者とも親しくなり、やがて正式に後援者のひとりとなった。悌は生来の世話好きだった。巨人軍の後援以外にも、家庭裁判所の調停員や学校の理事を務め、ロータリークラブのメンバーとしても積極的に活動していた。

キャンプ終盤になると監督やコーチ、さらには数人の選手を自宅に招き、激励会を開くのも恒例になっていた。

1955年もその日が近づいていた。そこで悌は一計を案じた。誰を招待してほしいのか。今年は子どもたちに聞いてみよう、と。川上や与那嶺要ら、よく知る顔が軒並み海外遠征中で不在だったことから、ひねり出したアイデアだった。

子どもたちを連れ立ってのキャンプ見学もまた、伊藤家の恒例行事だった。この年もすでに済ませていた。それもあって、悌の問いかけにすかさず手が挙がった。

「わたし、あの大きな人に会いたい！」

いち早くアピールしたのは末っ子、中学3年の元子だった。

あの大きな人のことは、キャンプ見学の段階から気になっていた。元子は「見て見て！」とひときわ背の高い背番号59を指差した。

「あの人、なんだかまだ子どもみたいだけど、ひとりだけずば抜けて大きいね」

長身と、それでいてまだどこかあどけなさが残る表情と。名前は父が教えてくれた。

「彼は新人の馬場正平だよ」

会いたい、という思いの裏側に恋心があったわけではない。ただ単純に、あの大きな人が自宅の居間にいるところを想像したらワクワクした。だから即座に手を挙げた。一緒に行った3歳上の兄・宏も「いいんじゃないの」と元子の提案に乗った。

数日後、激励会が開催された。千葉茂らとともに正平も伊藤家の居間に通された。

元子は9歳上の姉・賀壽子《かずこ》、7歳上の姉・節子とともに玄関で客人の靴を揃えた。ひときわビッグな靴に自然と3人の視線が集中した。

「わあ、大きい。ほら、モーちゃん、見てごらんよ」

元子は姉たちから「モーちゃん」と呼ばれていた。

「ほんとだ。ほかの人の倍ぐらいあるよ」

千葉らは用意されていたスリッパを履いて居間へと向かったが、正平は靴下がむき出しのまま先輩のあとに続いた。すると賀壽子が、紙と鉛筆を持ってきて正平の靴型をトレースし始めた。

「何をするの？」

元子の素朴な疑問に賀壽子が答えた。

「だって、こんなに大きいのよ。面白いから型紙を取っておくのよ」

その型紙をもとに作られた特大スリッパに正平がいたく感激し、元子との交際の端緒になった……というのが通説になっているが、後年、この話になると元子は決まって「そうじゃないのよ」と照れた。筆者も釘を刺されたことがある。

「あのスリッパは私が作ったことになってるんだけど、実際に作ったのは姉たち。私はせいぜいフェルトを切ったぐらいで」

芯入れなどのパーツ作りや縫い合わせは節子と「お手伝いさん」のつやが担当。そもそも裁縫があまり得意ではなかった元子は、最後に「S・B」と小さくイニシャルを入れた程度だった。

かくして完成した専用スリッパは、そこから約1年間、姉妹の部屋で履き主の来訪をひたすら待った。

1956年1月29日。巨人軍の若手選手がまずは明石に集結、キャンプが幕を開けた。2月7日には主力組も加わったが、並み居るスター選手を押しのける形で、プロ2年目の正平は再び激励会に招かれた。

玄関で靴を脱ごうとすると、規律よく並べられた人数分のスリッパの中に、ひょっこり爪先部分が飛び出た横幅も広い、ひときわ大きな一足があった。

「ホラ、元子ちゃんがお前のために用意してくれたんだぞ」

千葉の冷やかしに正平はドキッとした。初体験の履き物。足を差し入れてみる。これがスリッパの感触なのか。どんな食事でもてなしを受けたのか、味覚の記憶がすっぽりと抜け落ちるほどに、正平の脳内は足もとの触覚のみに支配された。この頃には十四文となっていた足をフェルトはやさしく包んだ。

幸せな宴がまもなく終わろうとしたその時、正平は悌に申し出た。

「このスリッパ、いただいてもいいでしょうか」

どうぞ、どうぞ。伊藤家全員の声が合唱団の輪唱のように響いた。

巨人軍の多摩川寮にスリッパを持ち帰った正平。さっそく御礼の手紙を書いた。宛て名は悌でもなければ、伊藤家でもなく、元子だった。

元子は返事を書いた。

正平も返事を書いた。

元子はまた返事を書いた。

文通が続くことで思いを募らせたのは、正平だった。

私は小学校高学年ころから、クラスの気になる女の子をからかうぐらいはやったが、こう、もやもやとした気持ちになったのは初めてだった。これが私の初恋……だったに違いない。

(『王道十六文　完全版』より)

一方、元子はさしてモヤモヤとはしていなかった。著書『ネェ　ネェ　馬場さん』で当時の心境を明かしている。

何通か手紙をやりとりしたことは覚えている。地方に行くと、「今、どこどこに来ています」と、その地方の印象などをしたためた手紙などが送られてきた。あるときは、「北海道に行ってきました。そのときにこれを買ったので送ります」と、木彫りのお人形が添えられていたこともある。ただ、本当にたわいもない子供同士の手紙のやり取りで、そのころは特に馬場さんを男性として意識するなどということはなかった。

(『ネェ　ネェ　馬場さん』より)

この時点ではまだ、正平の思いほどには初恋は進展しなかった。

それ以上に、順風満帆に事が運ばなかったものがある。正平のプロ野球人生である。

1年目の春。明石から多摩川寮に戻った正平は、4月に入ると両親に手紙を送った。

なにも心配しないでください。僕はいま二軍監督の武宮先生について、朝は早くから多摩川グラウンドに飛びだして、猛練習です。四月の朝はまだ寒いけど、三条を思えばなんでもありません。グラウンドの回りの桜も美しく花びらを開いています。僕はどんなことがあってもやってみせます。

どんなことがあっても。だが、その決意が脆くも崩れようとしたのはプロ2年目、1956年の秋。一軍が日本シリーズを戦っている頃、正平は体の異変に気づいた。

視力が急に落ち始めたのである。シーズンオフになると、5メートル先の人物が誰であるのか、判別できなくなった。正平は合宿所近く、田園調布の病院へと急いだ。

「ウチでは手に負えない。警察病院に行きなさい」

飯田橋にあった東京警察病院に駆け込み、精密検査を受けた。医師が結果を告げた。

「脳下垂体が視神経を圧迫していて、手術をしないと目が見えなくなる。ただ、手術をしても完全に治る可能性は1％。あんた、アンマさんになりなさい」

当時は開頭手術自体が大きなリスクを伴うものだった。そのまま亡くなる人も少なくなかった。たとえ生還できたとしても、99％の側に入ってしまえばそれは野球選手としての「死」を意味する。

正平は文京区本郷の東大病院へと向かった。診察を担当した医師、清水健太郎は手術を勧めた。

正平が「命の保証をしてくれますか」と問うと、清水は「医者は盲腸の手術でも、指1本切っても、命の保証なんてしないんだよ」と言った。

手術をせずに野球を捨て誰かの体を揉んでいく人生を選ぶのか。それとも死のリスクは覚悟のうえで手術を受け1％の確率に我が身を委ねるのか。

どちらに進んでもあまりいい結果が得られそうにない二者択一であったが、正平は腹をくった。その場で手術を申し込んだ。

だが、ベッドが空くまでの2週間ほどは、辛《つら》かった。合宿の私物はすべて荷造りして、私が死んだら郷里に送ってもらうよう手配した。あとは、多摩川の河原に出て『枯れすすき』ばかり歌っていた。私はまだ童貞だった。

「俺は、男にもなれずに死んじゃうのかなぁ」

そのことも、無性に切なかった。

（『王道十六文　完全版』より）

三条からはミツが急ぎやってきた。

「何も心配せんで、しっかり養生しろよ」

正平は励ましの言葉をかける母の財布から金をくすね、生まれて初めてヤケ酒を飲んだ。モルモン教の戒律に反する行為であることは分かっていたが、もはや自制できなかった。

「ここまで俺は楽しく過ごした。それだけでもありがたいと思ってるよ。俺が死んでも泣かないでくれ」

正平の遺言めいた言葉に、ミツは「そんなことを言わないで」と肩を震わせた。

12月22日、手術。右前頭部を開頭。脳下垂体の腫瘍を吸引により摘出。所要時間は1時間20分。異例の短さだった。

手術終了から約1日半、正平は眠り続けた。24日に日付が変わる頃、目覚めると頭上の豆電球が丸く見えた。

俺は生きている。目も生きている。1パーセントの奇跡。正平はベッドの上で体を震わせた。

正平にとっての幸運は、執刀医を務めた清水との巡り合いに尽きる。1951年、東大に脳神経外科を設立した清水。斯界《しかい》の権威がなぜ、飛び込み患者に過ぎない男の手術を担当したのか。

清水は東大野球部出身で、当時は野球部長としての顔も持ち合わせていた。巨人軍の現役プレーヤーに何かの縁を感じたのかもしれないが、やはり医師として正平の症状に興味を持ったと考えるのが妥当なところだろう。

大脳の下に脳下垂体という器官がある。ここからさまざまなホルモンが分泌される。だが、良性の腫瘍ができることがある。これを「脳下垂体腺腫」という。そして、成長ホルモンを過剰に分泌する腫瘍を「成長ホルモン産生下垂体腺腫」という。小児期に発症すると巨人症、思春期以降に発症すると先端巨大症（アクロメガリー）の原因になる。

正平は前者に該当する。清水からは丁寧な説明を受けただろう。その時、巨人症という単語に何を思っただろう。病気ゆえに身長が伸び続けている現実をどう受け止めただろう。
手術から22年が経過した1978年11月。かつて同じ時代に一軍でのプレーを夢見て二軍で汗を流した男たちの集まり、その名も「多摩川寮友会」の第2回会合が開かれた。ジャイアント馬場として多忙な日々を過ごしていた正平も、付け人の大仁田厚を伴って出席した。
日本テレビのアナウンサーとして数々の野球中継に携わり、その後は野球評論家、スポーツライターとして活躍する越智《おち》正典の著書『多摩川巨人軍』によれば、正平は次のように挨拶したという。

「巨人軍に入って二年目に、わたしは背が大きくなりすぎ、これ以上大きくなると野球の選手としては駄目だ……ということになりました。(……)そして、頭を切り開いて脳下垂体の手術をすることになりました。でも、手術は成功するかどうかわからないというのです。死ぬかも知れないとわたしは思いました。野球はしたかったし、相談する人もなく思案にくれました。そのとき、わたしは合宿を出て丸子橋の上にいって、毎日、歌をうたっていたのです……。その時の歌をこれから歌わしてもらいます」

(『多摩川巨人軍』より)

そして、馬場は歌い出した。「オレは河原の枯れすすき」と。
死を覚悟した腫瘍除去からわずか9日。大晦日に正平は退院した。病院サイドからは「たとえ命が助かったとしても、1年半から2年の入院治療が必要」と言われていた。誰もが驚く回復力だった。

1957年の元日。ミツとともに三条に戻った正平は、母校・三条実業の体育館で友人たちとバスケットボールに興じた。モルモン教の集まりにも眼鏡をかけて出席し、鍋料理に舌鼓を打った。

1月20日に多摩川グラウンドで始まった若手選手の合同トレーニングには、紺色の「正ちゃん帽」を被って参加。あらためて順調な回復ぶりをアピールした。

そして、このプロ3年目。正平はついに一軍マウンドを踏むことになる。

シーズン序盤から中盤にかけて二軍で実績を積み上げ夏場に一軍昇格を果たすと、初登板の舞台となったのは8月25日、甲子園球場。相手は大阪タイガース（現・阪神タイガース）。ダブルヘッダーの第2試合、1対9と敗色濃厚の8回裏、4番手として出番が回ってきた。

三塁側ダッグアウトからマウンドへと向かった正平。白線をまたごうとした時、三塁コーチャース・ボックスへと歩く敵将の藤村富美男とすれ違った。

「おいお前、ストライクが入るんか⁉」

こと球技にかけてはアガッたことがない正平だったが、この時ばかりはドスの利いた声に意表をつかれドキッとなった。

打席に入ったのは牛若丸とも呼ばれた身長167センチの小兵、一軍通算1864安打の吉田義男。大と小のコントラストに、帰路に就こうとしていた観客の足が止まる。指揮官の水原円裕《のぶしげ》（茂から55年に登録名を変更）にしてみれば、大勢が決したなかでのせめてものファンサービスだった。

マスクを被っていたのは正平と同期入団の森昌彦（のち森祇晶《まさあき》）。学年では1つ上のキャッチャーが出した初球のサインはカーブだった。

「うん」と頷いた正平。大きく振りかぶる。大きく左足を踏み出す。そして、右手の指先からリリースした。

直球を。ストライク。次の瞬間、森がマスクを脱ぎ捨て正平のもとへすっ飛んできた。

「馬場！　サイン見えてるのか！」

もちろん見えていた。ボヤけてはいない。ただ、カーブでストライクを取る自信がなかった。敵将のドスが耳に突き刺さったまま離れなかった。一方、直球のコントロールには絶対的な自信があった。ただ、何しろこちらは公式戦初登板の身。いきなり「サインを変えてくれ」とは言いづらい。それゆえの直球。吉田が見逃したため結果オーライとなったが、正平は一軍の怖さに触れた気がした。まあ藤村にしてみれば、あんなんは序の口やでえ、といったところだろうが。

正平は吉田を自信のある直球で打ち取った。吉田の後日談がある。

「まるで天井からボールが飛んでくるようだった。（……）ボールが速い上に重い。（……）おまけにコントロールもいいときている。僕は真っすぐを詰まらされてセカンドゴロでした。なんで、こんないいピッチャーが一軍で投げてこないんやろうと不思議に思ったことを覚えています」

（『文藝春秋』２０１２年３月号より）

続く並木輝男をサードフライ、さらにクリーンアップの一角、三番を打つ大津淳はサードゴロに仕留めた。上々の一軍デビューだった。以下は翌日の読売新聞。

阪神リードで全く勝負の決った八回裏、巨人はファンへのサービスに巨漢馬場（三条実高）をマウンドに送った。プロ入り三年目の公式戦初登板であるが一イニングで三者凡退に退ける好投を見せた。身長が横綱千代の山より一寸高い六尺四寸で体重が二十四貫。てのひらにボールがすっぽり入るという全くのジャイアンツ。この夜の調子から見て名物男が一人増えることになりそうだ。

（『読売新聞』１９５７年8月26日付より）

この頃、ジャイアンツはドラゴンズやタイガースと熾烈な優勝争いを繰り広げていたが、正平は引き続き一軍に帯同した。2度目の登板機会はなかなか巡ってこなかったものの、打撃投手としてチームに貢献した。高い制球力は首脳陣から一定の評価を得ていたのだろう。

多摩川寮に届くファンレターの数も初登板を境に急増した。正平はその一通一通に返事を書いた。9月15日には日本テレビの『ミユキ野球教室』に出演。この年の3月から１９９０年3月まで続いた長寿番組に単独ゲストとして招かれたのだ。初代司会者、中澤不二雄に直球の握りを見せる正平の写真が残っている。

前週9月8日は立教大・長嶋茂雄、翌週9月22日はのちに２００勝を達成する阪急・梶本隆夫がそれぞれ登場。その並びの中での馬場正平である。一軍での実績を考えれば異例の注目度だった。

10月15日。今度は本拠地・後楽園球場のタイガース戦で、正平に登板の指令が下る。０対４の９回

巨人軍入団から3シーズン目となる1957年、正平は一軍公式戦初登板直後に『ミユキ野球教室』（日本テレビ系列）に出演

表、3番手として前回同様に敗戦処理のマウンドだったが、観客は大喜び。正平が1球投じるたび拍手や「いいぞ」の声援がスタジアムを包む。結果は三者凡退。三振も2つ奪ってファンの期待に応えてみせた。

10月21日。ジャイアンツはタイガースの追撃をかわしリーグ優勝を飾る。130試合制の128試合目での栄冠。残る公式戦は2日後の対ドラゴンズ、ダブルヘッダーの2試合のみ。日本シリーズの開幕が26日と目前に迫るなか、正平はビッグチャンスを手にする。

10月22日。巨人軍は全選手参加のもと、東銀座の「スエヒロ」で優勝祝賀会を開いた。水原は集まった報道陣に対して「明日の中日戦、ダブルヘッダー第1試合の先発は馬場」と告げた。

早速、記者たちに囲まれた正平は、声を弾ませた。

「今シーズン、タイガース戦に2度、それも1イニングずつ投げましたが、両イニングとも三者凡退。つまりこれまではパーフェクトなんですよ。優勝が決まったあとなので、自分の思う通り気楽に投げられます。思い切ってやってみますよ」

10月23日。報知新聞の「きょうのプロ野球」欄の短評は〈第一戦は馬場!〉と興奮気味だった。エクスクラメーションマークに注目度の高さが凝縮されていた。

巨人対中日25回戦。正平はまだ誰の足跡もない後楽園球場の小高い丘に立った。

定刻より2分遅れの午後0時2分。プレイボールの声を受けて、正平は大きく振りかぶった。消化試合とあってスタンドは半分の入り。それでも2万人の視線が一点に集中する。

初回。正平は1点を失う。先頭の岡島博治《ひろじ》はピッチャー強襲の内野安打。「体重が左足に掛かってしまって動けなかった」と正平。三番・井上登のテキサス性二塁打をはさんで、四番・西沢道夫のライトフライが犠飛となり、岡島がホームベースを踏んだ。

しかし、正平はずるずると大崩れはしなかった。翌24日付の報知新聞はこう伝える。

ひどく高いところからとび出す馬場のストレートとカーブがまるで大きなドロップのようなのでちょっとバットが合わず、中日は二回から五回まで三安打でチャンスがつかめない。

（『報知新聞』１９５７年10月24日付より）

一方、「シュートがとってもよく切れた」とは試合後の正平の談話。２回から４イニング続けてスコアボードに「０」を並べた。そして、５回を終わったところで代打を送られ降板した。被安打５、奪三振１、与四死球０、自責点１。馬場正平、初先発の記録である。

ドラゴンズの先発が杉下茂だったことも、おそらくは正平の力になった。プロ入り直後の取材で「憧れの選手は?」と問われた正平は、当時巨人軍に所属していた別所毅彦とともに杉下の名前を挙げている。

この試合、杉下には通算２００勝の記録達成が懸かっていた。史上７人目、セ・リーグでは若林忠志、別所、中尾碩志《ひろし》、藤本英雄に続く５人目の偉業。ただ、杉下は翌１９５８年にも11勝をマークしている。この約１カ月前に32歳の誕生日を迎えてもなお健在、という状況下での10月23日だった。

余計な配慮など不要だった。しかし、水原は忖度《そんたく》した。この年の首位打者でありリーグＭＶＰに選出された与那嶺要の名前も、またリーグ5位の打率を残した川上哲治の名前も、スタメンにはなかった。水原は「第1試合は川上、与那嶺が休ませてほしいというのでメンバーを落としたが、やはり若い者ばかりではダメだ」と裏事情を説明したが、第2試合では両選手とも先発出場している。

さらに言えば5回裏、正平の代打として起用されたのは投手の後藤修。何がなんでも杉下の200勝を阻止して、プロ3年目の若武者に初勝利をつけてやるんだ、といった意欲が感じられない水原の采配だった。

試合は2番手の後藤、3番手の新人・藤田元司が失点を重ね、巨人軍は0対10の大敗。杉下は完封勝利で通算200勝に花を添えた。正平は負け投手となった。


王選手がベーブ・ルース〔正しくはハンク・アーロン：筆者注〕のホームラン世界記録に迫っている時、相手投手たちは、「記録を作られる球だけは投げたくない」と逃げ腰になったというが、私に言わせれば、それは考え違いというものだ。打たれた投手の名は、永久に世界プロ野球史に残る。これは一生の思い出になることだから、幸せに思っていいぐらいだ。

「杉下投手200勝達成試合の敗戦投手は巨人軍・馬場正平」

これでもなければ私の場合、プロ野球生活に何の思い出もない。


（『王道十六文　完全版』より）

憧れのピッチャーを向こうに回し正々堂々と投げ合った、試合後には2日続けて記者団に囲まれた。

「あがりましたね。3回まで持てばいいと思っていた。それが5回まで投げたのですから上出来ですよ。直球とカーブを投げましたが、〔キャッチャーの〕藤尾〔茂〕さんの好リードにずいぶん助けられました」

前日にイメージした「気楽に」とはいかなかったようで正平は緊張を少しだけ悔いたが、同時に誇り高き敗戦を笑顔で振り返った。

正平から唯一の得点を挙げた中日打線の四番、この5年前には首位打者と打点王の二冠に輝いた初代「ミスター・ドラゴンズ」こと西沢のコメントが残っている。

「球が速かった。初めは大リーガー相手のつもりで打てばいいと思ってたんだが、でもやはり威圧感がない。身長の割には大リーガーの投手のようにマウンドが近く感じられなかった。もっとも一昨年きた大男ヤンキースの〔ドン・〕ラーセンなんかと比べるほうが無理だが」

野球解説者の先駆けとして知られる小西得郎は、報知新聞のコラム「いいたいざんまい」で正平をメジャーリーグに派遣してみては、と提言した。

馬場は巨人軍のホープであるばかりでなく、日本のプロ野球を背負って立つ未来の大器かもしれない。あるいは名ばかりの巨漢として終るかもしれない。

私にこんな夢がある。それは馬場をアメリカへやってみることだ。もっと具体的にいえばドジャースにでも馬場の身柄を当分あずけっぱなしにしてみるんだ。いくら短くても三年間ぐらい修業に出したらどんなもんだろう。

1957年、日本シリーズの登録メンバーに一度は名を連ねた正平（右）。その事実はあまり知られていない

（……）素質に恵まれた若い人をまず三年間アメリカ野球になじます。つまり仕込んでもらう。それには馬場なんぞまさに最適任者、最もいい候補者と思われる。さしあたって巨人にいなくては困る選手？とも思えない。年齢も若い。その体質だってアメリカの生活をすればもっとかわった成長をするかもしれない。身長のわりあいに腕力とかヒップが不均衡な馬場の体が生活様式の変化によって正常化されないまでもよくなることはうけあう。

（『報知新聞』１９５７年10月24日付より）

正平はここから4年と経たず、プロレスラーとしてアメリカ武者修行の旅に出る。そして、トップレスラーへの階段を一気に駆け上がっていくことになる。

アメリカの水と空気が正平に合っていたのだとすれば、仮に小西の提案が採用されていたならばピッチャーとしての成長曲線も右肩上がりの急カーブを描いたかもしれない。

もしかしたら日本人メジャーリーガー第1号は村上雅則ではなく馬場正平だったのかもしれない。

小西は正平に夢を見た。夢を見させてくれる男、それが馬場正平だった。

小西はコラムで断言した。

五回まで一点ですんだからといって馬場を高く買うのではないが〝面白い〟といった興味はたしかにかけられる大器であることには間違いない。

（同前）

第2試合終了後、グラウンドでは優勝セレモニーがおこなわれた。正平はチームメートとともに場内を1周しファンに手を振った。

同日、コミッショナー事務局から日本シリーズの出場者名簿が発表された。

巨人軍の登録25人のうちピッチャーは9人。その中に馬場正平の名前があった。

俺にも日本シリーズのマウンドに立つチャンスがある。中日戦の好投によって正平の心にほのかな希望が芽生えたのではないか。

だが、現実はあまりに残酷だった。まもなく正平はチームにおける自身の立ち位置を痛感することになる。

10月26日に開幕した西鉄ライオンズ（現・西武ライオンズ）との日本シリーズ。巨人軍は2連敗スタートとなった。そして、第3戦がおこなわれる30日。馬場投手が左ひじのねんざにより平井遊撃手と交代した、と伝えたのは読売新聞の小さな記事だった。

スポーツニッポンの巨人軍担当記者は、のちに事の経緯を紙面に記している。

日本選手権のメンバーにも加えられた。登板はできなくてもいい。夢にまでみた日本シリーズのベンチに入れるだけで……。試合前々日の練習でフリーバッティング・ピッチャーをしたときの晴れがましさ、ところがこの馬場の希望が前日になってかき消された。

広岡遊撃手の急な故障が馬場にまではねかえってきたのだ。右手のヒジをぐるぐるとまきつけられた白いほうたい。おまけにその腕を首からつった馬場の姿が選手権当日の観客席にあった。広岡の故障にあわてた巨人は二人の内野手を補充するために馬場のヒジの痛みを誇大に宣伝、負傷のための交代にしてしまったというウワサもいまになってはだれの記憶にもない。馬場もこのことについてはふれたがろうとしないのだ。

（『スポーツニッポン』1959年12月6日付より）

広岡遊撃手とは広岡達朗を指す。この年のペナントレースでは92試合に出場し、キャリアハイの18本塁打を放ったショートのレギュラーが、腰痛により日本シリーズ第2戦ではスタメン落ちしていた。その補充のため、正平が割りを食った。なお、前出の読売新聞には〈馬場が左ひじをねんざ〉とあるが、右ひじが正しい。

プロ野球選手にとって一世一代の大一番をスタンドから、それも包帯姿で見るという屈辱。いや、悲哀。一軍の首脳陣にとって馬場正平はいなくては困る戦力ではなかったのだ。小西が書いたように。日本シリーズは西鉄の4勝0敗1分けで幕を閉じた。

杉下との投げ合いを境に、右ひじに痛みが走るようになったのは事実である。全力投球が引き金になったであろうことは自伝にも書かれているが、別の原因にも言及している。

今思うと、僕は十七歳で入って、ほかのみんなと同じように鍛えられたということに、無理があったという気がします。筋肉とか骨とかにね。それが後で投手として自分のひじを悪くしてしまった原因になったのではないか、とそんなふうに今、思いますよ。

（『16文の熱闘人生』より）

２０１３年12月11日付の日刊スポーツは、北海道日本ハムファイターズの大谷翔平の身長が１９３センチで止まったことを報じた。

プロ入り直後、２０１２年末に実施したメディカル・チェックでは、成長期の人間に見られる骨端線がエックス線写真にクッキリと写っていた大谷。そのためこの１年は成長途上の体を考慮して、トレーニングも慎重におこなってきた。だが、身長が前年比で変わらなかったことから、これからは制限をかけずに体を作っていく、という内容だ。

現代のプロ野球において、高卒投手の大多数がまず取り組むのが入念な体作り。３、４年という長期的視野に立ってプロ仕様の体にじっくり鍛え上げていく。これは決して珍しい話ではない。

大谷のように成長途上の投手であればなおのこと、球団サイドにはそれこそガラス細工職人のような繊細さが求められる。ドラフト会議を前に球団が選手サイドに育成プランを提示する、というのも昨今よく耳にする話である。

しかし、正平がプロ野球生活を送ったのは昭和の中期。身体測定も「六尺三寸強」とアバウトな時代。令和の現在とは常識が違った。

巨人軍入団時点で約１９２センチだった身長は、５年後のプロレス入り時点では２００センチに。されど、ここでさえピークとはならず、プロレスラー・ジャイアント馬場の身長は２０９センチが公式の数字として認知されている。

正平は取り扱い注意の膨らみ続けるガラス細工だった。だが、当時の巨人軍の指導に繊細な配慮は一切ない。巨人症との診断も育成方針の見直しにはつながらない。

プロ2年目の課題として、二軍の首脳陣は右肩の筋肉の弱さを指摘した。登板から2、3日の休養をはさめば球速は戻る。裏を返せば連投は利かない。正平の肩の筋肉は「幼稚園級」と評された。

課題克服のためには、投げ込みあるのみ。右腕を振って、振って、振り続けることで肩を鍛えていく。そういう時代だった。やがて正平の右ひじは悲鳴をあげることになる。

首脳陣が抱いた先入観も出世の妨げになったと正平自身は分析している。

私の体が人並み外れて大きかったため、おかしな先入観をコーチ陣に与えたということもあったようだ。「大男だから足腰が弱い。大男だから粗雑でコントロールが甘い」と決めつけられたのがそれだ。前に書いたが、私は足腰の強さには自信があった。コントロールも、入団2年目にはボール一つの差を投げ分けることが出来た。相手打者の得意なコースから、ボール一つか一つ半はずして凡打に打ちとる微妙なコントロールだ。

スピードも140キロはあったと思う。だが私は体が大きくモーションも大きいから、ブルペンで投げている時は、あまり早く見えなかったらしい。〔昭和〕34年に入団した王選手は、「入団していきなり馬場さんの球を打たされたが、1本も打てなかった。長身から投げ下ろす重いスピード・ボールに、これがプロの球なんだなと思った」と言ってくれたが、〝2階から投げ下ろすような〞とスポーツ紙にも書かれた真上から投げ下ろす私の球は、ブルペンで見るより、打席に立つとずっと打ち辛かったようだ。コーチがそこを認めてくれなかったという不満も私にはある。プロレスでもそうだが、大男は普通に動いても、ノロく見えるらしい。

（『王道十六文　完全版』より）

晩年、筆者との雑談の中でジャイアント馬場がふと漏らした言葉がある。

「体の大きなレスラーがなかなか育たないのは、体の小さな選手と同じように練習をさせるからなんだよ。器用さや俊敏さでは、どうしても小さな選手のほうが上回る。そうなると、大きな選手にあきらめや絶望が生まれて、やめてしまうんだ。まあ、ウチ〔全日本プロレス〕の場合は俺が理屈を分かっているから、簡単にやめていく選手はいないけどな」

あくまでもプロレス界を念頭においての雑談だったが、馬場は巨人軍時代の自分を思い出していたのかもしれない。

「おい、馬場！　もっと素早く動け！」

そんなコーチの怒号がよみがえったのかもしれない。

そもそも硬式野球のキャリアが乏しいまま巨人軍に入った正平。プロのコーチにすれば、技術的な拙さは一目瞭然だったはずだ。投球以外のたとえばバント処理などの守備動作も緩慢に映ったことだろう。

だが、そこに「大男だから」とのフィルターが掛かると、怒号は理不尽さを伴って鼓膜の奥にこびりつく。

大男だから認めてもらえない。自伝にはプロ2年目の１９５６年が12勝1敗、１９５７年が13勝2敗、１９５８年も10連勝を飾る活躍で二軍の最優秀投手に3年連続で輝いた、との記述がある。

日本野球機構が管轄する日本版のマイナーリーグとして、１９５５年に発足したのがイースタンリーグ。ところが、翌１９５６年から１９６０年までは活動が休止状態となり、各チームの二軍はそれぞれ独自に試合を開催。全国各地を転戦した。したがって、自伝に残る記録や表彰は非公式なものと考えられる。

勝敗の数字そのものも二軍研究家・松井正の著書『二軍史　もう一つのプロ野球』によれば１９５６年が1勝、１９５７年が4勝2敗、１９５８年がチーム2位の7勝（2敗）となっている。ただ、一方で日本シリーズでの包帯姿を報じた前出のスポーツニッポンは１９５８年の出来事として〈痛んだヒジを手術しての再起は馬場に二軍戦の十連勝を飾らせた〉と記している。

正確な数字は不明ながら、ある時期に正平が二軍の主力投手として活躍したことは、どうやら間違いない。

それでも遠かった一軍。自分は本当に必要とされていない。包帯姿に端を発する疑心暗鬼が確信に変わったのは、入団4年目の１９５８年1月20日にスタートした多摩川グラウンドでの合同トレーニング。投手陣はここで5つのグループに分けられた。

別所や藤田、堀内庄らのA組から始まって、B、Cと進んでいくなか、正平の名前は一向に呼ばれない。ようやく「馬場」とコールされたのは最下層であるE組のメンバーを発表していた時。

納得できなかった。去年は秋まで一軍にいたのに、一度は日本シリーズの登録メンバーにも名を連ねたのに、なぜなんだ。理由を聞かせてくれ。正平は新任コーチの中尾碩志に直接不満をぶつけたが、どうにもならなかった。

自分を取り巻く空気が変わったことに正平はようやく気づいた。

プロ入りのきっかけを作ってくれた谷口五郎、さらには全体練習終了後の個人守備練習にいつも最後まで付き合ってくれた藤本英雄、両コーチが前年限りでチームを去った。

後ろ盾を失った正平。そもそもが野球弱小校の出身であり、プロに進んだ先輩選手など無論いない。水原の母校・慶大や川上の母校・熊本工など「学閥」が少なからず幅を利かせるチーム事情のなかで、正平を積極的に引き上げようとする人間は、もういなかった。

ならば、新しい人間関係を構築し、権力を持つ上司の傘の下に入る。それが如才なき社会人の処世術なのだろうが、正平はあまりに不器用だった。

あるシーズンオフ。多摩川寮で寝食をともにする男たちは、ひとつの申し合わせをした。「監督やコーチ、先輩選手への付け届けはやめよう」。正平は「そうだな」と頷いて帰郷した。

年が明け、寮に戻ると2、3人のチームメートのところに、歳暮の礼状が来ていた。

後年、ジャイアント馬場のボヤキ節を筆者は聞いた。

「そういうところでうまくやった奴が、最終的にコーチとかで球団に残るんだよな」

正平はあまりに幼かった。

どんなに頑張っても、もう俺は巨人軍のエースになれない。E組への振り分けによって、正平は自分が傍流に追いやられたことを知った。

2月1日、明石キャンプが始まった。

17日には卒業試験のため参加が遅れていた新人、長島茂雄が合流。球場には超満員のファンが詰めかけたが、熱気とは裏腹に、東京六大学のビッグスターに対して選手たちは、やっかみもあったのだろう、どこかよそよそしかった。

キャッチボールの時間が来ても誰も長島と組もうとしない。その時、正平が声を掛けた。

「長島くん、一緒にやろう」

ゴールデンルーキーと傍流を歩く正平、一瞬の邂逅《かいこう》。

3月。高校を卒業したばかりの元子から正平のもとへ手紙が届いた。

馬場様
長い間でお疲れになったでしょう。多摩川で一休みしてから又甲子園へいらしてネ。
今日謝恩会も終りこれでスーとしました。でもまだ卒業したなんて全然思いません。これはまだ無理でしょうネ。昨日式だったんですものネ。
今日レコードをお渡ししようと思っていたのですが忘れてしまって。東京へ行った時にきっとお渡ししますから……。私も卒業の記念に何かいい曲を買おうと思って居ります。

馬場さんは何買われましたか？

レコード聞きながら手紙を書いたり手芸するの大好きです。この頃女性らしくなって？手芸ばかりして居ります。テーブルセンターとクッション専門なんですヨ。

又何時になるかわかりませんがクッションできたらお送りします。

今から4月15日までお休みで退屈しそうです。だからなるべく早く東京へ行こうと思っています。又東京へ行った時はよろしく。では又お便り致します。お元気で。

元子
サヨナラ

もう一度、甲子園のマウンドで投げてほしい。そんな元子の願いが叶うことはなかった。シーズン開幕後、長島が一軍でまばゆいばかりの光を放っていく一方で、正平は終着点のない裏街道で鈍い輝きを保っていく。

二軍での正平の人気は相変わらず高く、抜群の集客力を誇ったのは皮肉な現象だった。3月になると正平は、前年秋に痛めた右ひじにメスを入れ軟骨を除去している。4月、5月と戦線離脱が続くと、その後の遠征予定地である東北や北海道のプロモーターは「馬場はいつ戻ってくるのか」と球団に問い合わせた。正平の復帰時期が確定しないことから、ついには試合日程を後ろへずらす措置も取られたという。

6月14日、遠き日に初めてプロ野球に触れた新潟・白山球場で復帰登板を果たした正平は以後、この年から新たに二軍監督となった千葉茂によって頻繁に起用されていく。先発だけではなく、中継ぎ、大差の敗戦処理。ダブルヘッダーでは連投もした。千葉はファンサービスを心得ていた。

8月、さらには9月にも新潟遠征があった。リヤカーを自転車に繋いで何度も通った長岡でのゲームでは、完投勝利を飾っている。

しかし、リーグ4連覇に向けて首位を快走する一軍からお呼びがかかることはなかった。自分よりも二軍成績で下回る投手が一軍に招集された時には張り詰めていた糸が切れた。絶望の二文字が刻字されたハサミによって、糸はプツンと切れた。「二軍ずれした二軍のエースとのレッテルを貼られてしまったのかもしれない」と正平はのちに述懐している。

ちなみに右ひじ手術前、3月9日に姫路でおこなわれた南海ホークス（現・福岡ソフトバンクホークス）との試合では、正平が本塁打（先制3ラン）を放った記録が残っている。

もしかしたら眠っていた可能性のある打撃センスに対して、目覚まし時計持参で近づいてくる人もいない。一軍での打撃成績もまた、杉下茂に喫した「1打席1三振」から更新されることなく、失意の1958年シーズンが終わった。

西鉄に3連勝後の4連敗で屈した日本シリーズを傍観した正平はその後、秋季キャンプに参加した。多摩川グラウンドには新しい顔があった。巨人軍と入団契約を交わしたばかりの王貞治。当時は卒業前の高校生であっても、秋の段階から練習参加が容認されていた。

早実高2年の春、センバツ優勝投手となった王は、ひとまずピッチャーとして入団した。だが、一軍首脳陣は早い段階での打者転向を視野に入れていた。秋季キャンプでも王は打撃練習を命じられた。バッティングマシンなどなかったこの時代に打撃練習となれば、誰かピッチャーに投げてもらわなくてはならない。

王は途方に暮れた。その時、正平が声を掛けた。

「王くん、俺が投げてやろうか」

王が回想する。

「マウンドに立った馬場投手は、いちだんと大きく見えます。球もまさに2階から投げ下ろされてくる感じです。

ただ、バッターに対しては、体を横に曲げて腕を真上から振り下ろすような、オーバーハンドのフォームではなく、どちらかというと、腕が斜め上から振り下ろされるスリークオーター気味のフォームだったので、威圧感というのはありませんでした。スピードもびっくりするような球速ではなかったと記憶しています。

だけど、ボールの球質はとても重かった。キャッチャーのミットに収まるときの音や、バットの当たったときの感触はそれまで経験したことがないような衝撃で、「これがプロのピッチャーが投げる球か」と驚きました。僕が投げる球よりも、はるかに重い球質だったと思います」

（『ジャイアント馬場　甦る16文キック　第1巻』より）

正平は右ひじだけではなく、右肩にも痛みを感じるようになっていた。それに伴い、リリースポイントが下がりつつあったと考えられる。

来る人あれば、行く人あり。このシーズンオフ。時には厳しく、時にはやさしく、公私にわたり正平を支えてきた千葉茂が退団した。

孤独の1959年。春季キャンプも新たに宮崎が始動の地になった。なお、明石には二次キャンプとして2月24日に移動している。

正平は傍流から脱出できなかった。故障の影響もあり二軍での登板機会も減っていった。秋口には左ひざを痛めた。「体が重すぎる」とメディアに指摘された。

その時が近づいていた。

11月9日。正平は球団事務所に呼ばれた。役員が口火を切った。

「キミは巨人に入って何年になるかね」

「5年になります」

「ほう、5年にもなるかね」

ほんの数秒の静寂のあと、役員が「やめるのなら早いほうが……」と切り出したところで、正平はその後に続く決定的な言葉を待つことなく、自らの意思を覆いかぶせた。

「分かりました。長い間、お世話になりました」

わずか3分ほどの儀式。馬場正平は読売巨人軍をクビになった。

プロの世界で生き残る。そのことに対する認識が甘かったと、正平は悔いた。ともに練習し、ともに麻雀卓を囲み、青春の日々をともに謳歌《おうか》していると思っていた仲間が、ひと皮むけばライバルであり、自分の敵だったのだと痛感した。

もう二度と足を運ぶことがないであろう球団事務所をあとにした正平。ただ、自責の念に駆られながらも、それほど感傷に浸ることはなかった。正平は前だけを見ていた。

「お前も大洋に来い。巨人には話をつけてやる」

戦力外通告に先立つ形で正平を勧誘していたのは谷口五郎だった。１９５７年限りで巨人軍を退団したあと、１９５９年からは大洋ホエールズ（現・横浜ＤｅＮＡベイスターズ）でコーチを務めていた。スカウトの源川も大洋に移っていた。

クビになったけど、谷口さんが話を通す手間が省けてよかったじゃないか。巨体だけが商品価値と見なされ、投手としての能力を一向に認めてもらえない。そんな毎日ともこれでオサラバだ。そう思えば足取りも軽くなった。

正平は多摩川寮に戻った。荷物はあらかたまとめてあった。就寝時には布団を対角線上に敷いた、正平にとっては狭すぎる四畳半の部屋に、別れを告げた。

正平は新たにアパートの一室を借りた。住所は川崎市新丸子。多摩川寮のある川崎市丸子通の隣町だった。

巨人軍のそれと同様に、多摩川沿いに位置していた大洋の練習グラウンドで、正平はピッチングを披露することになった。

事実上の入団テストと解釈した。一雄から「大丈夫か」との手紙をもらっていた正平は、返信した。

父さん、心配しないでください。僕はどんなことがあってもへこたれません。もう一度大洋球団でやりなおしたいと思います。来年早々大洋のプロテストを受け再出発です。こんどは大丈夫。三条へは絶対に帰りません。

正平の投球を視察した新任監督の三原脩《おさむ》は、谷口に「馬場を三保キャンプに連れていくように」と指示を出した。正平はテストに合格したのだと理解した。

1960年1月31日。静岡県清水市三保で自由参加のキャンプが始まった。そこにいたのは、大洋の一員として白球を投げ込む馬場正平ではなく、いまだテスト生として必死の形相を見せる、巨人軍のユニフォームを裏返しに着た馬場正平だった。

2月3日付のスポーツニッポンは〈テスト生馬場の精進〉と見出しを掲げ、正平のコメントを掲載した。

「考え方が甘かった。巨人に五年もいて芽が出なかった選手をハイそうですかと簡単に取ってくれるわけがない。僕ははっきり自分の力というものを評価されていることを知った。もしダメならもう野球をあきらめる、以前に相撲とかプロレス入りのウワサもあったが、僕としては野球で身を立てるつもりで新潟県三条の郷里を飛び出し、またこんども大洋で投げることになると両親にたよりしたくらいだから、他のスポーツ界に移る気にはなれない」

（『スポーツニッポン』1967年2月3日付より）

巨人軍退団の時点ですでにプロレス入りの可能性が取り沙汰されていたことが分かる。正平は明快に否定したうえで、自身が抱える課題について述べている。

「これまで動作の緩慢さは体が大きいのだからどうしようもない、せめてピッチング面で補おうとしていたのだが、こんどは違う。ピッチングだけでなく動作も一人前になってそのうえでピッチングを仕立てなければ」

（同前）

至近距離で正平と接してきた谷口は、まだまだ伸びしろがあるのだと力説した。

「コントロールはものすごくいいんだが、それはまだフリーバッティング向きのもの。扁平足のため足首に力が入らず、腰が切れないからなのだが、しかしまだ年は若いんだし足腰さえ強くすれば絶対いける」

（同前）

全体練習開始前のグラウンド。その片隅には縄跳びで汗を流す正平の姿があった。寸暇を惜しんで毎日20分。やれることはなんでもやる。契約を勝ち取るために。今度こそ自分の実力を指揮官に正当に認めてもらうために。

2月8日。大洋ホエールズ一行は兵庫県明石へ。正平にとっての思い出の地で、本格的なキャンプが始まった。

そして、アクシデントが発生する。

2月13日付のスポーツニッポン「キャンプだより」のコーナーは伝える。

馬場投手負傷　テスト生として参加していた元巨人の馬場正平投手（二二）は十二日午後宿舎の錦明館で入浴中に貧血を起こして転倒、その際窓ガラスで左肩腕に切り傷を負い直ちに明石市民病院に入院したが全治まで約三週間。

（『スポーツニッポン』1960年2月13日付より）

正平が負傷した12日。本来のスケジュールでは練習日だった。ところが、複数の選手が下痢に見舞われたため、急きょ休養日となった。

三原監督は知人宅へ出向いて碁を打ったという。ある選手は実家のある大阪へ、ある選手は何人かの同僚を誘って尼崎へ。思い思いに羽を伸ばしたという。
正平もどこかに出かけていれば。いや、予定通りに練習がおこなわれていれば、のちの野球人生、さらには日本プロレス界の歴史もおそらく一変した。
自伝によれば、12日までに入団内定の知らせを正平は受け取っている。

胸のマークも背番号もないテスト生参加というのはわびしかったが、前年は無理な全力投球もしなかったお陰で右ひじの痛みも消え、「これに俺の一生がかかっているんだ」と私はビュンビュン投げ込んだ。三原監督から採用内定が出てホッと一息。そんな気のゆるみもあったのかもしれない。練習休みの日、私は宿舎の旅館でノンビリと朝風呂に入っていた。女中さんが、「食事にしますか、風呂にしますか」と聞くから、「練習のない日くらい、朝風呂にでも入るか」とあまりやりつけないことをしたのが、運命の岐《わか》れ路《みち》だった。空っ腹でたっぷりと湯につかったため、湯舟から上がったとたんにクラクラッとめまいがし、湯舟にぶつかってタイルの上にひっくり返ってしまったのだ。

(『王道十六文　完全版』より)

背後のガラス戸に倒れたことで左脇腹から左腕の内側にかけて裂傷を負った。大量の血が流れ出た。救急車に乗せられると、体がだるくなった。「眠っちゃダメだ！」と救急隊員。正平は中学2年以来、久しぶりに頬を叩かれた。病院に到着すると傷口の縫合手術がおこなわれた。計35針の重傷だった。

15日に三条から駆けつけたミツ。回想が残っている。

「正平は体中ほうたいを巻いて大きい体をベッドに横たえていました。しかし、私が行くと元気な声でこういいました。〝心配しないでくれ、いままでの僕は不運すぎた。僕が東京の田園調布の教会にいっていたとき、神父さんが、どんな不運な者でも、最後のチャンスは必ずくる。それを逃がさないことが神様を信じていれば必ずできる〟といっていました。父さんに心配するな、とくれぐれも……」

（『プロレス&ボクシング』1963年4月号より）

元子は正平の負傷を、父・悌から聞かされた。

「おい、馬場くんがケガをして入院したみたいだぞ」

大洋の新監督・三原は巨人軍で現役生活を送り、1947年のシーズン途中に監督就任。1949年には明石でキャンプを張っている。悌はかねてより親交があった三原に「馬場くんは真面目な好青年なので、よろしく」と挨拶していた。負傷の一報もすぐ入った。

ただ、手術は無事に終わったと知り、元子もそれほど深刻には受け止めなかった。花と菓子を持って病室を訪ねたのは数日後のことだった。

ところが、ベッドに正平の姿はなく、ミツもいない。日を改めて再訪してみると「退屈だったから、ちょっと麻雀をしに抜け出したんだ」と正平。ミツも京都に遊びに行ったという。元子は拍子抜けするとともに、安堵した。やっぱりたいしたことはなかったんだ、と。

だが、真実は違った。入院中に傷口自体はふさがったものの、左ひじの筋の損傷により左手の中指と薬指が手のひらについたまま伸びなくなっていた。これではグローブをはめられない。すなわちキャッチボールさえできない。縄跳びすらできない。そんな状況でも「一度は入団内定と言ってくれたのだから正式に契約してください」と主張するほどの図太さを、正平は持ち合わせていなかった。

野球との決別。悌も病室に顔を出し「三原さんには私からよく頼んでおくから、安心して治療に専念しなさい」と慰めたが、正平の腹はもう決まっていた。

結局のところ、プロ野球の投手として馬場正平の実力はどれほどのものだったのであろうか。

高校2年の時点で野球部長が長嘆していた直球のスピードが、正平自身はのちに「140キロは出ていた」と回想しているものの、劇的にアップした形跡はない。『週刊文春』1960年3月28日号には元コーチ・藤本英雄が「コントロールは実にいいのだが、体のわりにスピードがないのが玉にキズでこれが彼の成長のカギだった」とコメントを寄せている。

それでも、対戦したバッターたちは打ちづらさや球質の重さを証言する。後日談には多少の社交辞令も交じっているのだろうが、何も光るものがなければ高名な解説者が「ドジャースにでも預けてみたい」とは書かない。

この1960年。大洋はリーグ初優勝を飾る。前身の大洋松竹ロビンス時代から数えて6年連続で最下位に沈んでいたチームを、三原は見事に立て直した。日本シリーズでも対戦前の下馬評を覆し大毎オリオンズ（現・千葉ロッテマリーンズ）を4連勝で下した。その手腕は「三原マジック」と称された。三原は馬場正平というくすぶる原石にいかなる魔術をかけるつもりだったのか。

いや、あれこれ考えても詮ないこと。病院での最後の夜。思い切り体を伸ばせない狭いベッドの上で、正平は静かに目を閉じた。すべては終わった。これからのことはアパートに帰ってじっくり決めよう。

ただ、ひとつだけ心残りがあった。

ひょっとしたら、元子とはこれで永遠にお別れかな。

2月22日。正平は元子には何も告げずに退院した。

ミツが長女のヨシを伴い新丸子にやってきたのは、正平の帰宅からまもなくのことだった。

1対2の緊急家族会議。何を言われるのか、正平はおおかた察しがついていた。援軍のいない息子に向かって、母が口を開いた。

「三条に戻って、家を手伝ってほしい」

家、すなわち梅田屋の経営は、この時点ではミツから代替わりしてヨシ夫妻があたっていた。何がなんでも正平の労力が必要だったわけではない。だが、もうこれ以上正平を遠くに置いておくわけにはいかない。それがミツの率直な思いだった。

しばしの沈黙が家族を包む。5年半前の出来事が次から次へスライドショーとなって正平の脳内に映し出されていく。

自宅に現れたスカウト。裏庭での狂喜乱舞。壮行会にサイン会。市長との握手。朝市での激励。盛大な見送りを受けた東三条駅のプラットホーム。

三条の一ノ木戸商店街の初売りに合わせ、こちらも三条出身の女優・水野久美とともに凱旋パレードに臨んだのは一軍初登板の翌年、1958年1月のことだった。あの日、あらためて感じた地元の人々の期待に俺は応えられたのか。今、俺は三条に帰るべきなのか。

いや、やっぱりこのままじゃ帰れないよな。

「もう少し、俺にわがままをさせてくれ」

わがままの具体的プランがあるわけではなかったが、正平は母と姉に頭を下げた。

周囲からは多種多様な就職先を斡旋された。

『人間の條件』などで知られる映画監督の小林正樹を紹介するから映画俳優になれ、と言ったのは巨人軍多摩川グラウンド、そのグラウンドキーパー。顔なじみのおじさんだった。

気にかけてくれるのはありがたかったが、自分に与えられる役柄は分かり切っている。「せっかくのお話ですが」と丁重に断った。

巨人軍退団後、体をなまらせたくなかった正平はアパート近くのボクシングジムでしばしば汗を流した。ジムの会長からは「ヘビー級のボクサーになれよ」と勧められた。左手の指は依然として曲がったままだったが、「ボクシングのグローブなら問題ないだろう」と。

だがこの時代、日本にヘビー級ボクサーなど一人もいない。現実的な話とは思えず「すみません」と断った。

当時、東京・赤坂に建築中だったホテルニュージャパンへの就職が決まったかねてからの友人は、お前も一緒に働かないか、と誘ってくれた。

しかし、どう考えても自分にホテルマンは似合いそうもない。「すまんな」と断った。日本一のマンモスキャバレーとも言われた東京・新橋の『ミス東京』からはドアボーイにならないか、と声が掛かった。聞けば、向かいのライバル店に低身長のドアボーイがいて、その対抗手段だという。

俺は見世物になるために野球をやめたわけじゃない。なんだか無性に情けなくなって「ふざけるな」と怒る気力も湧かなかった。

『週刊文春』の１９６０年3月28日号は〈巨人軍を追われた〝ミスター巨人〟六尺四寸の〝大投手〟馬場正平の悲劇〉と題した見開き2ページの記事を掲載した。野球界を去ったとはいえ、相変わらず正平は世間の耳目を集めていた。

もちろん、見出しが物語るように体の大きさが興味の前提になっている。文春は正平を〈〝ミスター・ジャイアンツ〟と異名をとり、巨人ファンなら誰でも知っているマスコット（？）的存在だった〉と紹介する。

巨人軍退団に至るまでのアレコレを伝えるこの記事には、正平の嘆きが載っている。

「いくら一生懸命やっても、まるきり使ってもらえないんじゃかなわないですよ。あんな大きいのはバント攻めにあったらイチコロさ、と頭からきめつけられたりしたんですが、二軍時代だって、バント攻めでやられたことはなかったのに……」

（『週刊文春』１９６０年3月28日号より）

そして、正平のネクストステージに注目して記事は終わる。

昨年巨人をやめたとき、吉葉山の所から話があり、実際に相撲をやったらしいが、三段目クラスの相手を手玉にとるほどの腕を見せたらしい。

また現在力道山の道場から話があり、練習に出かけているともいう。

「もう何でもやろうと思ってます。どうせ辛いなら相撲よりプロレスの方がいいかな。そりゃ野球には大いに未練はあるけど……。とに角、ミミっちい話だけど生活費を稼がなくては。歌も歌えるんですが、まさか〝元巨人〟の肩書だけじゃレコード会社も来てくれないでしょう」

と語る彼の声は意外に明るいのだ。

（同前）

同号の発売日が3月21日であることから、正平が『週刊文春』の取材を受けたのは3月10日前後と思われる。この段階で力道山道場に練習に出かけている、というエピソードは少なくともジャイアント馬場の自伝では確認できない。ましてや力道山サイドから話があり、ということになるとジャイアント馬場ヒストリー、ひいては日本プロレス史の修正が必要になる。

『王道十六文　完全版』にはこうある。

やはり私は、スポーツがやりたかった。

「この大きな体を思い切り動かしたい」

という気持ちが、当時人形町にあった力道山道場に、私の体を運んでいったようだ。〝ようだ〟と書くのはおかしいかもしれないが、実際私にはその時、

「プロレスラーになろう」

というはっきりした意志は無かった。もしあれば、仲介者を立てるなり、電話で先方の都合を確かめるなりしてから行っていたろう。私がフラッと道場を訪れたのは、東大病院の門をくぐったのと同じように、何かが私をそこに引き寄せたのだとしか、私には思えない。

力道山はブラジル遠征中だった。道場に併設された合宿の寮長だった桂浜（田中米太郎）が、帰国の日を教えてくれた。その時初めて、

「あっ、オレはプロレスラーになってしまうかもしれないな」

という予感めいたものがあった。左手指は、いつの間にか完治していた。これがもう1カ月早かったら、私は野球をあきらめ切れなかったと思う。だが、プロ野球の公式戦はすでに開幕していた。私はプロレスラーたるべく運命づけられていたのかもしれない。

（『王道十六文　完全版』より）

4月10日。力道山は現地でスカウトした猪木寛至《いのきかんじ》、のちのアントニオ猪木を連れてブラジルから帰国した。

4月11日。正平は都内中央区日本橋浪花町（当時）の日本プロレス・センター、通称「人形町の道

場」に力道山を訪ねた。

そして、両者の間で次のようなやり取りがあったとされている。

力道山が言った。

「おい、足の運動を50回やってみろ」

パンツ1枚になった正平。ヒンズースクワットを見よう見まねで50回。

「やるじゃねえか。もう50回だ」

正平はさらに50回。

「よし、お前、明日から来いよ」

「いくらくれますか？」

「なにい？　お前、巨人でいくらもらってたんだ」

「月給5万円です」

「よし、じゃあ5万円出してやる」

こうして正平は『日本プロレス』に入団した……というのが現代の通説である。翌4月12日付のスポーツニッポンは力道山とのツーショット写真付きで、正平のプロレス入りを報じている。急きょ記者会見がセッティングされたということか。

「馬場君が突然今日来て話が急に決まり〝善は急げ〟と発表することになった。人並外れた大きな体を生かしてスポーツを続けたいと本人が言うので私も立派なレスラーになるようコーチするつもりだ。半年ほどトレーニングして体を作り、海外遠征に連れていくつもりだ。日本人でこれだけ大きな体を

1960年4月11日、正平（左）は力道山（右）のもとを訪ね日本プロレス入りを直訴。晴れて入団が決定した

しているのは珍しいから得だ。それは外国のリングに上がっただけで観衆が「あれが本当の日本人か?」とビックリして一躍注目を集めるからだ」と力道山。

「野球ができないならばこの体を生かして何をやろうと考えた。それでリキさんの海外遠征中にこのプロレス・センターに来て、トレーニングなどを見学していた。プロレスラーとしての自信なんかまだないが、なった以上は成功するまで一生懸命頑張る決心だ」と正平。同じく4月12日付の読売新聞には「リキさんが僕の面倒を見てやるからと言ってくれたので、今日決心した。野球に未練はない」とのコメントもある。

ちなみにこの1960年、プロ野球の一軍公式戦開幕はセ・リーグが4月2日でパ・リーグが4月9日。自伝に従えば、正平はプロ野球の公式戦がすでに始まっていた4月上旬某日に「初めて」フラッと道場を訪ねたことになる。一方、力道山は2月24日からロサンゼルス、ニューヨーク、ブラジルのサンパウロなどを転戦しており4月上旬は不在。話の整合性は取れている。

ところが、『週刊文春』に従えば、3月上旬時点ですでに日本プロレスサイドから「話」があり、正平は道場で練習を体験していることになる。

「話」については、あるエピソードが拡大解釈された可能性がある。

1958年12月26日。巨人軍は球団創立25周年記念映画『巨人軍物語』の完成を祝い、東京の新宿コマ劇場でファンの集いを開催した。そこにゲスト出演した力道山が、舞台裏で正平に対し「野球をやめたら俺のところに来い」と言った、という話がある。

だが、自伝には力道山との出会いこそ書かれているが、勧誘めいた言葉をもらったとの記述はない。

ゲストに招かれた力道山と楽屋で、5分間ほどだが雑談を交わしたことがある。力道山は大の野球狂で、話題ももっぱら野球のことばかりだったが、「野球選手ももっと首を鍛えたら、必ずプラスになる。ケガも少なくなるぞ」と話していたのが印象に残っていた。

（『王道十六文　完全版』より）

また、道場での練習体験については、父・一雄が『プロレス&ボクシング』に寄せた手記の中に、次のような記述がある。

正平は野球をやっている頃から、スポーツ記者日刊スポーツの鈴木庄一氏の紹介でシーズンオフにはよく、力道山氏のプロレス・センター（人形町）に体の鍛錬によくかよい、プロレスにはある程度の興味があったらしい。

（『プロレス&ボクシング』1963年4月号より）

アパート近くのボクシングジムに通ったのと同じ感覚で、単なる体作りをしていたということか。それにつけても不思議なのはこのエピソードが事実だとして、なぜ自伝には書かれていないのか。そのあたりも含めて、馬場正平のプロレス入りにまつわる真相には不透明な部分がある。

ただ、『週刊文春』での発言と、のちの回想には共通点もある。それは、生きていくための現実的な方策としてプロレス入りを決断した、ということだ。

野球をやめてどうして食べて行くか、食わんがためにはプロレスがいい、というふうに僕は思った、と当時の僕の心境を考えると、今そう思うんですよ。

（『16文の熱闘人生』より）

巨人軍入団当初、1万2000円だった給料は最終的に5万円にまで上がったが、わずかな貯金は尽きようとしていた。でも、プロレスラーになることで生きていける。

安堵したのもつかの間。息子のプロレス入りを知った母が、再び新丸子にやってきた。

1対1の緊急親子面談。前回とは顔つきが違った。

「力道山さんから契約金をもらったのなら、何としてでも私が返すから、プロレスだけはやめとくれ。どうしてもやると言うなら、勘当する」

本気の縁切り宣言。その昔、リヤカー引きをサボろうとした時に聞いた「勘当だ」とは声質が違った。今回は押し切られない。声に重石《おもし》が載っていた。

プロレスが国民的な娯楽となって約6年が経過。プロレスがいかに野蛮で、プロレスラーがいかに粗暴な人種であるか、ミツはミツなりに理解していた。従順で純朴な正平にできるはずがないし、親としてやらせるわけにはいかない。我が子が人前で肌をさらして殴り合うなんて冗談じゃない。ミツの怒りは至極当然と言えた。

それでも正平は、今度も譲らなかった。

女親の気持ちはわからないでもなかった。だが私はもう後には退けない。一晩かかって母を説得したが、母は最後まで、「それならやりなさい」とは言わなかった。母は、泣き落としにもおどしにも決心を変えない私に呆《あき》れ、あきらめて、翌日三条に帰っていった。その小さな後ろ姿に、「申し訳ない」とは思ったが、母を追い返した形になったことが、その後の私の励みになったことも事実だった。

（『王道十六文　完全版』より）

人生最大の親不孝を経て、正平はプロレスラーとしての道を歩き始めた。力道山のようなスター選手になれば、俺だってビッグマネーを稼ぐことができる。はるか遠く夜空にきらめく星を頼りに歩き始めた。

されど、この道とて舗装されているわけではない。平坦でもない。入門から1カ月が過ぎた頃、正平は力道山に呼ばれた。

「お前はまだ試合にも出ていねえのに、5万円は高すぎる。今月から3万円だ」

口約束による契約は、あっさり反故《ほご》にされた。季節は初夏を迎えたというのに、正平の懐具合は途端に冷えこんだ。

巨人軍時代は寮の食事が胃袋を満たしてくれた。好きな読書に給料をつぎ込む余裕もあった。贔屓《ひいき》の作家は司馬遼太郎、山岡荘八、源氏鶏太。中でも柴田錬三郎と山手樹一郎、この二人の小説は手当たり次第に読んだ。

だが、状況が変わった。食事は練習終了後の午後4時あたりから卓を囲むチャンコのみ、一日一食になることも少なくなかった。チャンコと言っても、無制限に食べられるのはどんぶり飯、味噌汁、沢庵の漬け物だけ。副菜は自腹で用意する。一日一食で物足りなければパンや饅頭でしのぐ。金はせっせと買い集めた本を古書店に持ち込んで工面した。日を追うごとに本棚が寂しくなっていった。

同時期に入門した猪木はじめ若手選手が合宿所住まいをするなかで、正平は引き続き新丸子でのアパート暮らしが認められた。道場までは私鉄と国電、さらには都電を乗り継いでいく。

「あいつ、巨人をクビになった馬場だぜ」

そんな視線がやたらと気になった。被害妄想に過ぎないことは正平自身も分かっていたが、みじめな思いが募った。

ところが、ついにはその電車賃さえも財布にない。あったとしても小銭1枚足りない。そんなことが何度かあった。

道場からの帰路。渋谷から新丸子までは東横線で20円。その20円がない。交番に行って「20円、貸してください」と頼んでみようか。いや、巨人にいたあの馬場がここまで落ちぶれたのか、とは思われたくない。

正平は徒歩で帰る覚悟を決めた。道のりは10キロを超えるが、子どもの頃にはリヤカーを引いた距離じゃないか。

正平は自らを奮い立たせ、すっかり日の暮れた渋谷の街をトボトボと、うつむき加減に歩き出した。

どこかに金が落っこってねえかなあ。

物陰を覗き込むように歩いていると、本当に落ちていた。東横線のガード下に、女性モノの小さな赤い財布が。

靴の先端でチョンと蹴り道の隅っこに寄せると、正平は靴ひもを締め直すようなフリをして、財布を拾い上げた。暗がりまで移動して中を見た。

100円札が3枚、入っていた。

今度こそ交番に向かうべきか。これが1万円ならもちろん届け出るのだが、どうしたものか。罪悪感を覚えながらも正平の十四文が跡を刻んだ先は、渋谷のラーメン屋だった。界隈では最安値の35円のラーメンは、いつもよりしょっぱかった。

正平は渋谷から電車に乗った。財布の落とし主に感謝しているうちに、気がつけば新丸子に着いていた。

正平は空を見上げた。見慣れているはずの星空が遠くに感じられた。

ほの暗い電灯に照らされ、正平の影が地面にぼんやりと伸びた。

第2章

師・力道山への業務連絡

正平が何も告げずに明石市民病院から退院したことを、元子はさほど気に留めなかった。麻雀ができるほどに回復したのだから、よほど退屈だったのだろうと受け止めた。

20歳になった元子は短大の卒業を控えていた。中学卒業後は、そのままエスカレーター式に高校、短大と進んできた。

卒業後は姉たちと同じように、2、3年の花嫁修業を積んだそののちに結婚することになるのだろう。元子は漠然と自分の未来を思い描いた。

伊藤家では4人の子どもたちの幼少期、それぞれ身の周りの世話を乳母《うば》のような人が担ってきた。長女の賀壽子、次女の節子、長男の宏、3人の場合は比較的年配の女性だったが、元子の乳母は10代の「ねえやさん」だった。

その若き乳母は「私も子どもの頃は砂浜を駆け回って遊んだのよ」と、元子が木によじ登ろうが、どろんこ遊びをしようが、それを温かく見守った。

奔放に育てられた元子。自身の性分については著書にこう記す。

一度言い出したら聞かない性格も、子供のころから変わらない。こうだと思うと絶対に自分で一度、それをやってみないと気がすまない。ただ、途中で間違ったと気がつけば「ごめん」と言って、すぐ違う方向へ行ける便利な性格でもあるのだが……。

（『ネェ　ネェ　馬場さん』より）

元子は典型的な「お父さん子」でもあった。悌が泊まりがけの出張で家を留守にすると、初日は我慢できても、2日目の夜には「お父さんがいないと寝られない！」と駄々をこね周囲を困らせた。やがて悌は出張を控えるようになった。

元子は悌からたっぷりの愛情を受けた。父母参観日をはじめとする学校の行事に足を運ぶのも、もっぱら悌だった。元子も、父が見てくれていると思えば、何事にも力が入る。運動会やバザーでは特に張り切った。

伊藤家の家は30畳の居間があるほどに立派な日本家屋だった。瀬戸内海に面した庭では、元子が中学生の頃によく家族でバーベキューパーティーをした。煉瓦《れんが》を積み上げ、薪《まき》をくべる父の姿が頼もしく見えた。元子は嬉々《きき》として手伝った。

末娘だけに、なおさら悌にとって元子は可愛い存在だったのだろう。元子にとって10代は、自由で大らかでどこか呑気な日々だった。

「父〔悌〕は本当に元子のことが大好きだった」とは長女の賀壽子。また、次女の節子は幼少期の元子について「しっかりしていて、負けん気が強かった。小学生の時、ボール投げで明石で一番になったこともあったわね」と回想する。

短大を卒業した元子の花嫁修業が始まった。華道、茶道、さらには和裁。ただ、差し迫った結婚願望があったわけでもなく、身は入らない。「浴衣の一枚ぐらい縫えなきゃダメよ」と母。「そんなのミシンで縫ったほうが早いわ」と娘。ピシャリと叱られた。

一方で、元子が深く傾倒したのがボウリングだった。

奇しくも正平と同じく姉2人、兄1人の4人きょうだいの末っ子として伊藤家に生まれた元子。短大を卒業すると花嫁修業を積んだ

折しもこの時期、レーンの機械化が進んだことからボウリング場の建設が日本各地で加速した。明石周辺の神戸や大阪にもその波が来て、新規オープンが相次いだ。どこも満員盛況となった。

元子はボウリング場に通い詰めるようになった。そもそもが活発な少女。父の手ほどきにより、キャッチボールから始まってテニスやゴルフなど、さまざまなスポーツに親しんできた。

足繁く通ううちにボウリングの腕前は上がり、いつしかレジャーの枠を飛び越え競技として元子は向き合うようになる。各地で開催される大会にアマチュアボウラーの一人として参加するようになったのだ。

　優勝賞品といってもカップやトロフィーだけで、いっさい賞金もなく、参加するための費用も全部自前だったのだが、それでも得意になって各地に出かけていった。芝のボウリング場ができたときに、東西対抗だったか全日本だったか、とにかく大規模な全国大会があり、テレビ中継もあってかなり盛り上がったことを覚えている。

（『ネエ　ネエ　馬場さん』より）

芝のボウリング場とは、2001年9月に閉場した芝ボーリングセンターを指す。オープンは1964年9月。元子は24歳になっていた。

悌と夏子は結婚適齢期が過ぎ去ろうとしているのに、一向にその気を見せない元子に気を揉んだ。特に夏子の焦燥感は募るばかりで、次から次へと見合い話を持ってきた。

元子は気乗りしなかったが何度も見合いの席に着いた。世間一般の感覚からすればかなりの好条件の話も数多くあったが、心はまるで動かなかった。相手男性との会話も弾むことなく、あまりの仏頂面に家に帰ると夏子にまた叱られた。

「あなたって人はまったく。もう少し愛想よくできないの！」

でも、ダメなものはダメだった。

我慢が利かず、早々に見合いの席から退散してしまったこともある。男性と対面した瞬間に「この人とは一緒にやっていけない」と感じたことが原因だった。

しかし、一度だけ結婚の一歩手前まで話が進んだことがある。

ただ、元子自身は相変わらず積極的ではなく、プロポーズに対して「はい」とも言っていないのに、周囲が盛り上がっての「ゴール寸前」だった。

元子は当惑した。「まだ結婚するとは決めてないんですから」と告げても、相手の男性は「今さらそんなことを言われても」と譲らない。

まもなく男性が、実家の敷地内に一軒家を建てるのでそこで一緒に暮らそうと言ってきた。

結婚後は夫とふたりでマンション住まいをしてみたい。ずっと平屋の日本家屋で、家族や乳母に囲まれて生活してきた元子には、そんな夢があった。ところが、自分にはなんの相談もなく、男性の独断で新婚生活のプランを決められてしまった。

このまま流れに身を任せていたら、いよいよ取り返しのつかないことになる。元子は男性のもとを訪ね、それまではふわふわと固まり切っていなかった自分の思いをギュッと握って一個の塊にして、ぶつけた。

「私はあなたと結婚しません」

男性は「元子さんの気持ちが動くまで待ちます」と言ったが、元子は固めた塊をもう一度ギュッとギュッと握り締めて、投げつけた。

「気持ちが動くことは永久にないと思います」

そこからがまた大変だった。礼を失した元子の行動を知った仲人が、伊藤家に駆け込んだ。「どういうことなんですか！」。面目を潰された夏子が元子に迫った。「なんてお行儀の悪いことをしてくれたの。本当に情けない」。元子が「自分のことを自分でお断りするのが、どうしていけないの」と反論すると、夏子は「結婚はあなただけの問題じゃありません。勝手なことは許しません」と声を荒らげた。

悌は努めて冷静な口調で「大人には大人の世界のルールがある。お断りするにしても、親からまず仲人さんに話をして、仲人さんから先方に伝えていただくのが筋なんだよ」と元子を諭した。

元子は仲人のもとに出向き自身の非礼を詫びた。と同時にあらためて結婚の意思がないことを告げ、「正式にお断りしてください」と申し出た。このダイレクトな行動がまた、夏子を呆れさせた。

「こんな娘に育てた覚えはないのに」

母と娘の距離が、少しずつ広がっていった。

次々に舞い込む見合い話に辟易《へきえき》としていた元子のもとに、予期せぬ人物が現れたのは1964年4月のことだった。

その日、元子は自宅で電話を受けた。兄の宏からだった。

「会社に来たら、珍しいお客さんが見えていたんだ」

宏は悌の会社の経営に加わっていた。

「誰？」

「ちょっと替わるよ」

「……」

「もしもし」

聞き覚えのある声だった。

「こんにちは、お久しぶりです」

正平だった。突然の、それでいて懐かしい声だった。

「あら、馬場さん。どこにいらっしゃるの」

父の会社に決まっている。それが一瞬分からなくなるほどに心が波を打った。

まもなく宏に連れられ正平が伊藤家にやってきた。悌は旅行中で不在だったが、夏子は笑顔で正平を迎え入れた。

あれは元子の短大卒業からさして時間が経っていない1960年の夏頃のこと。ある金曜日の夜、悌が家じゅうに響き渡るような大きな声で叫んだ。

「おーい、元子！　来てごらん、早く」

悌は大のお気に入り番組だったプロレス中継を観ていた。一方、プロレスにまるで興味がない元子は自分の部屋でくつろいでいたが、悌の声にテレビの前へと急いだ。夏子も「何かあったの？」と顔を寄せた。

「ほら、ここ、ここ」

画面を指差す悌。

「馬場くんがいたんだよ」

元子も夏子もブラウン管の白黒画面に顔を近づけた。

「えっ、どこですか？」

悌はまだデビュー前の、新弟子としてセコンドにつく正平の姿を発見した。しかし、元子も夏子も見つけられない。

「お父さんの見間違いじゃないの？」

「いや、あれは確かに馬場くんだよ」

「なんで、こんなところにいるの？」

怪訝《けげん》な表情を浮かべる娘と妻を納得させようと悌は目を凝らしたが、忙しく切り替わっていく画面が正平の姿を再び捉えることはなかった。

元子は自分の部屋に戻っていった。父が見たというのであれば本当にいたのだろうと思った。しかし、それ以上の感情は湧かなかった。

翌週以降も、元子は金曜の夜を自分の部屋で過ごした。悌からの再度の「おーい、元子！」を待っているわけでもなかった。

手紙のやり取りも途絶えていた。唯一、1964年の年明け早々、久しぶりに正平からエアメールが来た。元子は返事を書いたが、さらなる折り返しはなかった。

そこから約4カ月後の来訪。プロレスラーとしての活躍ぶりを承知している宏は興奮していた。会社の前が黒山の人だかりだったこと。カメラマンの姿もあったこと。泥棒に入られたのかと思ったこと。血の気が引いたこと。急いで会社の中に入ったら正平が部屋の奥にちょこんと座っていたこと。安堵と同時に驚きで体の力が抜けてしまったこと。息継ぎを忘れてしまったかのように、宏は会社での出来事を元子と夏子にまくし立てた。

だが、正平の記憶が4年前の明石市民病院のベッドの上で止まっている元子にとって、兄の説明はどこか現実離れしていた。正平も照れくさそうにしているだけで、今の自分について進んで語ろうとしない。

元子は柱時計に目をやった。家を出る時刻が迫っていた。

神戸でボウリング大会があることを元子が告げると、正平は言った。

「それなら僕も一緒に行くよ。神戸で寄りたいところがあるから」

明石駅からふたりで列車に乗ると正平は饒舌《じょうぜつ》になり、ボウリングについてあれこれ元子に質問した。

「じゃあ今度、僕もボウリングをやってみようかな」

「絶対に面白いわよ」

会話は弾んだものの、結局元子は正平の今についてほとんど何も分からぬまま、列車は神戸駅に到着した。

しばらく神戸の街をふたりで歩いた。すると、異変が起きた。正平の後ろをぞろぞろと人がついてくる。

巨人軍時代も注目を集める存在だったとはいえ、その頃とは明らかに人々の視線の質が異なる。好奇から憧れへ、眼差しの質の変化を元子も背中で感じていた。

この人はとんでもない有名人になって私たちの前に現れたのかもしれない。大きい馬場正平が一段と大きくなったことを、元子はようやく実感した。

元子が身の入らぬ花嫁修業を積んでいた頃、正平のプロレス修行はデビューに向けて苛烈《かれつ》を極めようとしていた。

入門当日、力道山の前でまず披露したのはヒンズースクワット50回だったが、入門後に課せられたのは一度に3000回だった。


これを今の若手たちに強制したら、一人残らず逃げ出してしまうだろう。ぶっ続けにやっても2時間半はかかる。脚力に自信のあった私でも、最初のうちは2百回ぐらいでぶっ倒れてしまった。水をぶっかけられ、また倒れるまでやる。これの繰り返しだった。私は、ぶっ倒れるまでやるのがスポーツの猛練習だと思っていたが、プロレスの練習は、ぶっ倒れてから始まるものだと知った。

「死んじゃう、逃げ出したい!」

実のところ、何度そう思ったかわからない。

（『王道十六文　完全版』より）

ある体育館の控え室。正平は猪木寛至、大木金太郎とともに力道山から「足の運動をやれ」とヒンズースクワットを命じられた。のちに正平は振り返る。人間の体からこれほど汗が出るものとは知らなかった、と。3人の汗で床はあっという間に水浸しになった。水深は2、3センチに達したという。シューズの底は完全に水没した。目撃者は「あの汗はひしゃくですくえた」と呆れ顔で言った。パワーアップのためのベンチプレスも日課のひとつ。正平にとっては気の重くなるトレーニングだった。

昨今の野球選手の大半は、プロ・アマ問わず積極的にウエートトレーニングに取り組んでいるが、正平は利き腕で荷物を持ってもいけないと指導されてきた。右手ではボールやバットより重いものを持ったことがなく、野球時代は上半身を鍛えるという概念もなかったため、プロレス入門時は腕立て伏せを1回もできなかった。ベンチプレスも最初は60キロがやっとだった。

一方で、受け身については比較的早くマスターした。巧拙のほどは、監視する力道山のアクションで判断できた。お前の受け身はなっとらん、と力道山が判断すればすかさず鉄拳や青竹、木刀がガツン、バシンと飛んでくる。だが、正平は1度も食らわなかった。野球で鍛えた反射神経と勘がモノを言った、と正平は分析した。

入門から4日。4月15日に『ワールド・リーグ戦』が開幕すると先輩レスラーたちは巡業に出た。シリーズ中、正平は猪木らとともに「残り番」としてもっぱら道場で汗を流した。

「岐阜大会の会場に来い」と正平が連絡を受けたのは5月17日のことだった。岐阜市民センターへと急ぎ控え室に入ると、正平はまたしてもいきなり力道山に「足の運動をやれ」と命じられた。

1カ月の鍛錬の甲斐あって2000回をやり遂げると、力道山は「フン、お前は足腰が強いな」と言った。ぶっきらぼうな褒め言葉は、残り番からの卒業を意味していた。

その日を境に正平は巡業に同行するようになった。何よりうれしかったのは大会終了後の食事。当時の宿舎は日本旅館であり、大広間での宴会のごとき夕食が必ず待っていた。パンや饅頭で空腹を満たす、そんなわびしい生活とサヨナラできた。

されど、厳しい練習はなお続く。それどころか、新たな「苛烈」が加わった。

力道山は新弟子たちに、巡業中の移動には常にダンベルを両手に持ち、それを上下させながら歩くことを命じた。ピッチャーは荷物を利き腕で持たないどころの騒ぎではない。片手に60キロ、両手で120キロのダンベルを常時持ち歩くのだ。

（『王道十六文　完全版』より）

試合開催地の駅に汽車が着く。力道山はゴルフクラブをステッキに見立て、足取りも軽やかに改札を抜けていく。だが、正平はじめ新弟子たちは計120キロを交互に上下させながらヒョコヒョコとついていく。目に汗が入っても拭くわけにはいかない。

正平にとって最強の敵は青森駅だった。国鉄のホームから青函連絡船乗り場までの通路が、憎たらしくなるほどに長かった。やっとの思いで地獄の通路をくぐり抜け、連絡船に乗り込んだ時には両手両足ともブルブルガタガタ震えが止まらなかった。

どうにかして楽できないものか。正平は一計を案じた。自転車屋でタイヤのチューブを買った。チューブの両端にそれぞれダンベルをくくりつけた。そのチューブを首の後ろに回してダンベルを持ってみた。楽になった。

苦心の裏技について力道山は何も言わなかった。ただ、同期の猪木がダンベル持ちから解放されてもなお、正平はヒョコヒョコ歩き続けた。自伝には1年間ぐらいやらされたとあるので、1961年7月の海外武者修行出発の直前までダンベルを持たされたと推察できる。

力道山の目にはひどく貧弱に映ったのだろう、正平の上半身は強化ターゲットになった。入門から2カ月が経過した1960年6月。「正平はしっかりやっていますか」とミツが道場を訪れた。力道山は正平に「シャツを脱いでみろ」と指示を出し、言った。

「正平くんの胸の筋肉を見てください。わずか2カ月でこのように肉がついてきました。腕もほとんど治っているし、弱点だった足腰もすぐ強くなりますよ」

力道山の太鼓判を手土産に、ミツは三条へと帰っていった。

迎えた1960年9月30日。正平は「馬場正平」としてプロレスデビューを果たした。舞台となったのは東京の台東体育館。相手は大相撲出身の桂浜こと田中米太郎だった。

基礎体力作りばかりやっていて、プロレスの技らしい技はまだマスターしていなかった私は、平手打ちとキックと、後は武者ぶりついて投げ倒すことぐらいしか出来ない。それでも強引に股さきを決めて、5分15秒でギブアップを奪った。レフェリーに右手を高々と上げられるのは、ちょっと照れ臭くはあったが、思っていた以上に気持ちのいいものだった。

(『王道十六文　完全版』より)

レスラー人生の第一歩を白星で飾った正平とは対照的に、同日、大木金太郎を相手にデビューを果たした猪木は7分16秒、逆腕固めの前に敗れ黒星スタートとなった。

「力道山道場の若手三羽烏《さんばがらす》」とも称されるようになった馬場正平、猪木寛至、大木金太郎の3選手。1929年2月24日生まれの大木が年長で、正平は大木の9歳下となる。1943年2月20日生まれの猪木は正平の5歳下となる。また、正平と猪木のデビュー時点で大木は約1年のプロレスキャリアを誇っていた。

正平が大木と初めて対戦したのはデビューから約半月後の10月14日、北海道・札幌中島スポーツセンター大会。15分1本勝負で結果は時間切れ引き分けだった。

一方で、正平と猪木のシングルマッチはなかなか組まれなかった。双方キャリアが浅く、客に見せるレベルにないとの判断が力道山にあったのだろう。初対決はデビューから約8カ月後の1961年5月25日、富山市体育館大会。10分ちょうど、正平が羽交い締め(フルネルソン)でギブアップ勝ちを収めている。

日々、切磋琢磨を重ねる3人の中で、海外武者修行のキップをいち早く手にしたのは、正平だった。

当時、海外に出ることは「出世コースの急行券」と見なされており、正平は先輩たちの嫉妬の対象になった。

だが、正平にしてみればそれどころではなかった。できることなら代わってほしい。それが偽らざる本音だった。

猪木との初対決からさかのぼること24日。5月1日の東京体育館大会で、正平はマスクマンのミスターXと対戦している。同日から始まった『第3回ワールド・リーグ戦』。外国人サイドの優勝候補最右翼が、まさにこのミスターXことビッグ・ビル・ミラーだった。

外国人レスラーの胸を借りるのはこれが初めてだった正平。恐怖を感じていた。デビュー戦でも無縁だった緊張がせっかく鍛え上げた筋肉を硬くさせた。何をやったところで通用しないことは自明の理だった。

用意された舞台は15分1本勝負。言うなればミスターXの顔見せ試合。30分ではなく15分だったところに、両者の歴然たる格の違いが表れていた。

正平は無我夢中でぶつかっていった。Xは猪突猛進してくる若僧を名うての闘牛士のごとく適当にあしらった。わずか4分21秒の勝負。逆エビ固めの前に正平は「ギブアップ……」と力のない声を絞り出した。

このミスターX戦を皮切りに、外国人レスラーとの一騎打ちがたびたび組まれたが、正平はいずれも短時間で敗れた。

一連の対外国人戦が、海外武者修行のテストを兼ねていたことを正平はのちに知ることになる。

ああ、俺は不合格だな。口には出せなかったが、ホッとしている自分がいた。こんな現状で海外でやっていけるわけがない。自信など微塵も持てなかった。

ところが、あに図らんや、正平の海外行きにゴーサインが出た。ミスターXのような強いレスラーがゴロゴロいる国に行ったら、俺はどうなってしまうんだ。できることなら誰か代わってくれ……。言えるはずもなかった。

「お前は海外に出たら、これで勝負しろ」

力道山はひとつの必殺技を正平に伝授した。自身の十八番でもあった空手チョップである。

「おい、右手をテーブルの上に置いてみろ」

正平が右手を差し出すと、力道山は特製の三角木槌《きづち》を振り下ろした。ガン！　またガン！　またまたガン！

力道山は自らもそうやって右手を鍛えてきた。ただ、自分で自分の右手を叩くのと、他人に自分の右手を叩かれるのとではワケが違う。

手は腫れ上がり、やがて皮膚が破れて血と水が出るが、それでもやめない。皮をむかれてたたかれているようなもので、一発一発が脳にひびき、「飛び上がるほど痛かったが、手を引っ込めれば、特製三角木槌が力いっぱい頭に振り下ろされることはわかり切っている。

（『王道十六文　完全版』より）

「痛いか！」と力道山。「大丈夫です」と答えれば「そうか！」とガンに力が加わる。「痛いです」と答えれば「そのうち痛くなくなってくる」とガンの勢いが増す。木槌が手もとにない時は、灰皿でガンガンやられた。

目をつぶり、歯を食いしばり、正平は耐えた。「お前は頭突きを売り物にしろ」と命じられた大木は、力道山に後頭部をつかまれコンクリートの壁にゴツンゴツン前頭部を叩きつけられた。それと比べれば、まだマシだったのかもしれない。

半年ほど続いた特訓によって、破れた皮膚は固まりタコのようになった。巨人軍時代には繊細なコントロールを生み出した右手だが、その面影はどこにもない。

1961年7月1日。俺が代わりにアメリカに行ってやるよ、などという奇特な人物はついぞ現れないまま、正平が旅立つ日がやってきた。

同行者は元・大相撲前頭の芳の里と若手のマンモス鈴木。プロレスキャリアでは正平が一番の下っ端である。

とりたててニュースバリューがあるわけでもない3選手の出発。羽田空港に現れたマスコミは数えるほどだった。

「すみません！　そこで手を振ってください！」

カメラマンの要求に3人はタラップの途中で立ち止まり、レンズに向かって手を振った。正平もニコリと微笑《ほほえ》んで、武器と化した右手を広げてみせた。

まもなく飛行機はロサンゼルスに向けて宙に浮いた。もうどうにでもなれ。正平は生まれて初めて乗った飛行機の、寸足らずのシートに深く身を沈めた——。

渡米から約半年。もうすぐ1961年が暮れようとしていた12月27日、正平は力道山あてのエアメールをニューヨークの街角で投函した。


クリスマスと新年御目出度う御座居ます。我々も当地に来て半年、色々苦しい事も有りましたが、どうにか無事に送る事が出来ました。今までは東郷さんの云われる通りに試合をやって来ました。これからは東郷さんがおられませんので自分で試合を考えてやって行きたいと思います。また今まで見て来た事をとり入れて色々とやって見たいと思います。


力道山への手紙はこれが初めてではない。正平は定期的に「業務連絡」をおこなっていた。

正平の苦難は金欠に端を発した。

「ロサンゼルスに着けば、あとはグレート東郷がうまくやってくれるから、すべて彼に任せておけばいい」

力道山はこう言って正平たちを送り出した。グレート東郷とは現地在住の日系レスラー。力道山は3人のマネージメントをこの男に託した。

正平は力道山の言葉をダイレクトに受け取った。すべて東郷さんに任せておけばいいんだと、無一文でタラップを上がりシートに身を沈めた。

「お前、ドルをいくら持ってきた？」

芳の里の問いかけに正平は青ざめた。一文無しであることを告白すると、芳の里に「馬鹿だなあ、お前は」と呆れられた。

芳の里は岐阜のプロモーターから「3人に」と餞別《せんべつ》の100ドルをもらっていた。そのうち30ドルずつを正平と鈴木に分け与えた。

1ドル360円だったこの時代。日本円で1万800円を懐に忍ばせてのアメリカ入り。それでも東郷が万事うまくやってくれればよかったが、反則お構いなしの悪党ファイトでしぶとく生き抜いてきた男は慈善家の顔など持ち合わせていなかった。

正平ら3人は東郷が用意したモーテルの一室で暮らすことになった。食材も東郷が運び入れたが、米も芋もコンビーフの缶詰もきっちり1日分ずつ。余剰はない。

「ユーは試合がないのだから、ゆっくり寝てなさい」

東郷が正平に語りかける。やさしさの発露ではない。寝ていれば腹は減らない。一日一食で済むだろう。無慈悲な悪魔のささやきだった。

日本でも、東郷のケチケチぶりは有名だったが、これほど凄まじいとは思ってもいなかった。私はしょっちゅう、「ユーはトイレットペーパーを使いすぎる」と怒られた。

（『王道十六文　完全版』より）

正平はなけなしの30ドルをチビチビ使っていった。娯楽は芳の里たちとの1セントポーカー。好物の甘味は15セントのアイスクリーム。1ドル減り、2ドル減り、全財産が25ドルになった時、あろうことかロードワークの途中で財布を落としてしまった。

一文無しになった正平は、東郷には内緒で芝刈りやペンキ塗りのアルバイトに精を出した。日給は25ドルだった。

リングに上がることができればファイトマネーにありつけるのだが、すべては東郷のさじ加減ひとつ。なかなか試合は組まれなかった。

待望のアメリカデビュー戦は7月17日、カリフォルニア州パサディナでの前座試合。相手はマット・マーフィであった、とされる。

なぜ、「であった、とされる」と記したか。これには理由がある。

正平は手のひらに容易に収まったであろう縦12センチの小さなメモ帳に、武者修行中の試合結果を記録していた。1ページ目の冒頭には青の万年筆で〈アメリカに於ける試合の結果〉と刻まれている。

メモに基づけば、アメリカデビュー戦は7月19日。会場はロサンゼルスのオリンピック・オーデトリアム。タッグマッチだったことが分かる。

7・19　オリンピック

馬場　鈴木　VS　マイク・シャープ　パット・フレディー
鈴木　（フレディー）　体固

8月分からはカッコ書きで5分や8分など、大まかな試合時間の表記もある。一日の終わり、テーブルに向かってのルーティンだったのだろうか。それともベッドに寝転がっての日課だったのだろうか。正平はペンを走らせながら試合の一部始終を脳内で再生した。振り返り、反省することで明日への糧とした。

込み上げてくる悔しさで筆圧が上がった試合がある。8月中旬のシングルマッチ。

18　サンデェゴ
フレッド・ブラッシー
スリーパー　（15分）　馬場
体固　（10分）　ブラッシー
はんそく負　（7分）
メンエベント

噛みつき攻撃で知られるブラッシーはこの時、NAWA世界王座を保持していた。なお、NAWAはのちにWWAと改称されている。

ノンタイトル戦ながら世界王者の胸を借りた正平。人生初の〈メンエベント〉。三本勝負の3本目に、それは起きた。

攻撃型の反則魔王者だったブラッシーは、中盤からガンガン攻め込んで来た。その時、セコンドに付いていた東郷が、

「落ちろ、落ちろ！」

と怒鳴った。おかしなことを言うなとは思ったが、東郷のことだから、何か魂胆があるのかもしれない。何度も言われて、私はリング下に落ちた。カリフォルニア・ルールによって、即座に負けだ。東郷はカンカンに怒った。東郷が言ったのは、

「ダウンしろ！」

という意味だった。ブラッシーの猛攻を突っ立ったまま受けていたのではまずい。とにかくマットにダウンしてタイミングを外せと言いたかったのだが、東郷は日本語の語彙《ごい》が不足しているし、私は英語がおぼつかない。結果的には私は、東郷の言葉に従って東郷の意に反したのだから、怒られても素直に謝まる気にはなれなかった。

（『王道十六文　完全版』より）

控え室に戻った正平。反抗的な態度を取ると東郷に制裁を受けた。大勢のレスラーがいるなかで、頭を下駄でボコボコと殴られた。みじめだった。悔し涙が止まらなかった。

もうやってられるか。日本に帰ろう。正平は覚悟を決めた。パスポートは東郷の手にあったが、盗み出せばいい。

だが、金がない。メモ帳には当時の収入の記載もある。

〈東郷氏から得た金〉と書かれたその記録によると7月19日に20ドル。同28日に31ドル。8月17日に40ドル。その次が9月7日まで飛んで30ドル。正平の反抗はノーギャラとなってハネ返ったのかもしれない。

飛行機代など工面できるはずもなかった。ならばと船便も調べてみたが、航空運賃より高額だった。

正平は帰国の覚悟を封印し、新たな覚悟を決めた。辛抱するしかない、と。

悶々《もんもん》とした日々が続くなか、正平にとってのターニングポイントはニューヨーク地区への転戦だった。

9月7日、ワシントンDCでの試合を皮切りに、同18日にはマジソン・スクエア・ガーデン、通称MSGでの定期戦に初登場。興行自体が開催されない日曜日以外は連日、正平もリングに立つようになった。

すると、精神的な余裕が生まれたのだろう、周りの風景がよく見えるようになった。正平は気づいた。なあんだ、俺より小さいレスラーばかりじゃないか、と。

このころから、外国人レスラーにも慣れ、恐ろしくなくなってきたんですね。それに、自分の大きな体に自信もついてきました。体が大きいということは、プロレスでは大きな強みです。（……）一流のレスラーが集まってくるニューヨークで試合に出場しているうち、外国人レスラーでも、自分より高い背の持ち主は少ないことに気がついたんですね。

（『16文の熱闘人生』より）

東郷の指示で正平は口ひげをたくわえるようになった。ひざ丈の田吾作タイツに裸足でリングに上がる。塩をまいて派手に四股《しこ》を踏む。MSGに詰めかけた大観衆が敏感に反応した。ブーイングも耳に届いたが、それもまた初めて味わう快感だった。

派手な紅白の着物を身にまとい、高下駄で五番街を歩いたのも東郷の命令によるものだった。長身ゆえに卑屈になっていたかつての正平であれば、ひざを折り曲げ背を丸め、目立たぬよう視線を浴びぬよう歩いていたに違いない。

だが、正平は胸を張った。そろりそろり足を引きずるのではなくカタカタと下駄を鳴らし、五番街を闊歩《かっぽ》した。道ゆくニューヨーカーが振り返る。後をついてくる人もいる。レストランに入ると窓ガラスの向こうでは群衆がこちらをのぞき込んでいる。

正平は実感した。プロレスラーにとって長身は何物にも代えがたい武器なのだ、と。俺だけが授かった財産なのだ、と。体が大きくてよかった。レスラーになってよかったなあ。コーヒーカップを口もとに近づけながら、しばし満ち足りた気分に浸った。
11月13日。正平は生涯の友となる「人間発電所」ことブルーノ・サンマルチノとMSGで初の一騎打ちをおこなった。この時のリングネームは「ババ・ザ・ジャイアント」。命名者はニューヨーク地区のプロモーターであるビンス・マクマホン・シニア。数カ月後には「ジャイアント・ババ」とコールされるようになった。11月21日、正平は力道山に手紙を出した。

前略　手紙が大変遅くなりましてすみません。実は試合で右の肩をマットにつっこんでしまい手を動かす事が出来ませんでした。まだ手を上げたり握ったりする事が出来ずこまっています。しかし試合は毎日やっていますが東郷さんが私にボデースラムをやれとかチョップをやれと云われるのですが良く出来ず、東郷さんに此頃試合が下手になった、やる気の無い様な試合だと云ってしかられっぱなしですが肩が悪くて良く出来ないのです。一日も早く良くなる様につとめます。

この手紙に、東郷が12月12日にロサンゼルスに戻る旨を正平は記した。マネジャーなしで闘うことになり、思わず力道山にこぼした。

こうなってみると言葉の通じない事が不便でなりません。

たとえばテレビインタビュー。正平はカメラに向かって英語で悪態をつく東郷の横で、両腕を胸の前で組んだり不敵な笑みを浮かべたりして、それっぽく凄んでいればよかった。

だが、東郷がいなくなればそうはいかない。セルフプロデュースが求められる。

力道山率いる日本プロレスの所属レスラーとして正平は海を渡ったが、そもそもアメリカにプロレス団体の概念はない。あるのは地区、すなわちテリトリー。そのテリトリーを仕切るプロモーターの求めに応じて闘う。それがレスラーの仕事となる。

「こいつは使えない」とプロモーターに断を下されればクビを切られ、別のテリトリーへと移っていく。渡り鳥になる。

一方で「こいつは使える」と見込まれれば、そのテリトリーにしばらく定住できる。プロモーターの判断基準は明快だった。いかに観客の心をつかめるか。いかに観客を会場に呼べるか。

11月30日。正平はワシントンDCでドロップキックの名手であり「ニューヨークの帝王」とも称されたアントニオ・ロッカと対戦した。12月1日投函の手紙にはこう記した。

この試合はメンエベントでしたのでテレビでやりませんでしたが、東郷さんと芳の里さんはカネリカンの方に試合に行ったので私一人でしたがだいたい良い試合だった様です。二十分頃両者リングの下でなぐり合ってカウントアウトで終りました。今度のマジソンスクエアガーデンで私とロッカがやる事になりました。

正平のセルフプロデュースは正鵠《せいこく》を射ていた。当地のスター選手を痛めつける「東洋の巨人」像を存分に表現することで観客の興奮を誘った。大きな体をより大きくダイナミックに使うことでプロモーターを喜ばせた。

手紙にあったMSGでの再戦は結局流れたのだが、12月29日のフィラデルフィア大会では仕切り直しのロッカ戦がメインイベントに組まれた。会場には1万の大観衆が詰めかけた。

使える男としてマクマホン・シニアの信頼を勝ち得た正平は、流浪の渡り鳥としてではなく、飛行機で中西部へと派遣された。年明けて1962年1月5日のシカゴ大会では2メートル級の黒人レスラー、当地のヒーローであるベアキャット・ライトとやはりメインイベントで激突。会場には1万8000の大観衆が押し寄せた。

2月7日投函の手紙。

前略　今週はピッツバーグの方にも行って来ました。ピッツバーグで私も良く知らないパーティーに出席しました。そのパーティーには野球の選手やフットボールの選手バスケットの選手等の他に色々のプロモーターも出席して居ました。もちろんレスリングのプロモーターも居ました。私も紹介されましたので日本語でスピーチしました。何の理由で私が招待されたのか私も知りません。

正平は自身が思っている以上に、想像の何倍も、もしかしたら何十倍というスケールでビッグな存在になろうとしていた。

その成長を後押ししたのが東郷に代わる指南役、フレッド・アトキンスだった。

私もその名前だけは知っていた。力道山は昭和27年2月に初渡米して、1年1カ月間の武者修行を積んでいるが、その間約260戦してシングル・マッチでは3敗しただけだったという。その力道山に土をつけたレスラーが、レオ・ノメリーニ、タム・ライス、そしてこのアトキンスだと聞かされていたのだ。

私が会ったころのアトキンスは、現役兼業のマネジャーだったが、スパルタ教育のトレーナーとしての方が有名で、いい弟子を物色しているとのことだった。東郷が力道山に連絡して、私たちをアトキンスに預ける同意をとりつけたのだと思う。

（『王道十六文　完全版』より）

1910年生まれのアトキンス。正平らの指導を引き受けた時点で年齢は50を超えていた。だが、トレーナーとしての情熱は枯れるどころか、老いてなお盛んだった。

1961年12月18日投函の手紙。

> 東郷さんがロスアンゼルスに帰られてからフレッド・アトキンスと一緒ですが、試合に行く前に必ず三十分運動して三十分レスリングを教えてくれます。（……）言葉の通じないのが大変残念に思います。

力道山への業務連絡は簡素な内容に留めたが、一日を通して自分の時間をほとんど持てないほど練習に明け暮れた。レスリングを教える、と言ってもホワイトボードを駆使した口頭による講義などではない。

試合の合間に普通のホテルに泊まっているでしょう。そのホテルの部屋でも、床の上で、アトキンスが僕に飛びかかってきて、三十分間、試合のようなトレーニングをするんです。（……）アトキンスのトレーニング教育は、基本に徹底していました。

プロレスにもショーマンシップというものはあるんです。でも、アトキンスは全く、そうしたことが嫌いな人だったですね。

（『16文の熱闘人生』より）

アトキンスは見てくれのいい技を伝授するのではなく、レスラーとしての気構えを説く。正平は必死にリスニングした。

「おい、ショーヘイ。もしリングの中に客が入って来たら何をしても構わないぞ。俺は客にパンチを一発食らわしたことがあるんだ」

「とにかく何時間でも動ける体を作っておけ。そうすれば、技などなくてもケンカで勝てる」

所構わずのスパーリングが終わると、そのまま部屋の中で縄を引っ張り合い上半身の筋肉と足腰を鍛えていく。やがてすべてのトレーニングをやり遂げても、アトキンスが柔和な表情を見せることはない。「じゃあ、メシに行くか」。そんな誘いを正平は一度たりとも受けたことがなかった。

無愛想でレスリング馬鹿の鬼コーチ。だが、正平は音を上げることなく教えを全身で受け止めていく。

トイレとシャワーを真ん中に、右の部屋がアトキンスで左の部屋が正平。遠慮がちにコホンと咳払いをしても、それさえも聞こえてしまうような密な環境で生活している以上、逃げ出そうにも逃げ出

アメリカ武者修行時代、正平（右）はフレッド・アトキンス（左）の熱血指導によってプロレスラーとしての基盤を築いていった

せなかったのもまた事実なのだが。

アトキンスは頑固一徹な人ではあったが、私を人間的に傷つけ、あるいは見下そうとするような人ではなかった。とにかく私を強くすることに没頭してくれた。私はいつの間にか、アトキンスが〝外人〟だということを忘れていた。

「やかまし屋の親類のオジさん」

といった感覚になっていったのだ。言葉も何とか通じるようになって、控室などでレスラー仲間から、

「お前、よくアトキンスの所から逃げ出さないでいるな」

などと言われたが、アトキンスと私は、体質的にどこか共通するところがあったのかもしれない。アトキンスとの生活は、肉体的にはきつかったが、精神的な苦痛は無かった。

（『王道十六文　完全版』より）

アトキンスによるマネージメントが始まると、正平のギャラは週給60ドルでしばらく固定された。一日あたりでは10ドルにも満たず、懐具合は相変わらず冷え込んでいた。世の中には「メリークリスマス」や「ハッピーニューイヤー」の声があふれ、ニューヨークの寒さは人一倍身にしみた。ただ、ひとたびベッドに入ってしまえば、連日の試合と昼夜を問わない練習の疲れでぐっすり眠ることができた。思わぬ「アトキンス効果」だった。

試合予定がない平日。練習メニューにニューヨークの中心、セントラルパークでのランニングが加わる。ただし、だらだら走るのではない。競歩とランニングを組み合わせた、いわゆるインターバル走をアトキンスは正平に課した。

冬場は凍え、夏になると汗だくになった。通気性に富んだジャージなどなかった時代。ぐっしょり濡れたズボンが、しょんべんたれのように見えるのが正平はたまらなくイヤだった。でも、やるしかない。脇目を振らず走るしかない。アトキンスの一途に、正平も一途で応えた。

興行が開催されない日曜日には、アトキンスがカナダ・オンタリオ州クリスタルビーチの自宅に戻る。正平につかの間の安らぎが訪れる。

書店に足を運び、日本語が詰まった単行本を手に取ってみる。ニューヨーク近辺の競馬場にもよく通った。バスに乗ってナイター競馬とのハシゴも恒例だった。

ささやかな軍資金。的中の喜びも小さかったが、それでも十分に楽しめた。日頃の厳しい練習があればこそ、味わうことのできる爽快感だった。

正平が葉巻の味を覚えたのもこの頃だった。きっかけを作ったのはアントニオ・ロッカ。会場で顔を合わせるたびに「おう、若いの、元気か?」と1本ずつプレゼントしてくれた。ただ、正平はガンコ親父に隠れてマッチを擦った。

アトキンスは、サンドイッチを食う時はビールを飲ませてくれましたが〝煙草は吸うな〟と言っていました。ましてやアトキンスは、ロッカが嫌いだったんです。オレは、オヤジさんやアト

キンスから、

「レスリングは、ガッと組んでから始まるものだ」

と教わり、今もそれが本道だと信じていますが、ロッカのプロレスは〝裸足の王様〟と言われたその足が、いきなり飛んでくるんです。オレも初めて対戦した時は面くらいましたが、アトキンスは〝あれは邪道だ〟と決めつけて、私生活でもロッカとつき合おうとしなかったんです。

（『ジャイアント馬場　オレの人生・プロレス・旅』より）


ロッカとの交流を苦々しい表情で見つめるアトキンスの姿に接して、正平は師匠の目の届かぬ場所で葉巻をくゆらせた。

体に染みつく臭いで気づいていたはずのアトキンスは黙認してくれた。しかし、もうひとりの師である〈オヤジさん〉からは大目玉を食らった。

「馬鹿野郎！　お前が葉巻なんて、10年早いわ！」

視察のためニューヨークを訪れた力道山の一喝。1962年12月のことである。葉巻は力道山の嗜《し》好《こう》品でもあったのだ。

正平は即座にパイプ党へと鞍替《くらが》えした。それ以前からメインイベントで試合が組まれるたび、記念のパイプを興行開催地で買い集めていた。安物ばかりだったが、その数はいつしか30本を超えていた。成長の足跡がそこにあった。

ビール、葉巻、パイプ。正平はなだらかにモルモン教と距離を置くようになった。己の巨体を特長と捉え、コンプレックスから解き放たれた正平は、もはや篤《あつ》い信仰を必要としていなかった。

いろいろと苦しいことがあった1961年の下半期を経て、迎えた1962年。アトキンスに師事して3カ月弱が経過した3月1日。正平はビッグチャンスをつかんだ旨を力道山に報告した。

> 此頃試合もどうやらなれて少しはましな試合をする事が出来る様になって来ました。シカゴの大きな所でとワシントンの大きな所でバデー・ロジャースと試合をする事になりました。

正平は〈バデー〉と記したが、バディ・ロジャースを指す。時のNWA世界王者である。NWAとはアメリカの各テリトリーを横断的に統括する組織であり、そのチャンピオンこそが世界最高峰の頂点に君臨する男だと位置づけられていた。

自伝にはロジャースを絶賛する記述がズラリと並ぶ。

「あなたが戦った世界最高のレスラーは?」と聞かれれば、私は文句無くロジャースの名をあげる。その素晴らしさは、百万言を要しても言いたりないもどかしさを覚えるほどのものだ。全盛時のフレッド・ブラッシーとザ・デストロイヤーの、いいところだけを合わせたようなレスラー、と言えば最も近いかもしれない。

日本ではショーマン派の代表のように言われ、不当な評価を受けていることが、残念でならない。

ロジャースはもう〝雲の上の人〟を通り越して、私には別世界の超人としか思えなかった。

ロジャースのファイトは、今そのままポンと日本のリングに登場しても立派に通用し、人気爆発していると思う。20年後にＮＷＡ世界王者となったリック・フレアーが〝ロジャース二世〟などと言われているようだが、とてもとても、すべての面でロジャースとは大人と子供ほどの違いがある。

（以上『王道十六文　完全版』より）

ロジャースは正義のヒーローではなかった。レフェリーの目を盗んで反則を繰り返す、狡猾《こうかつ》なチャンピオンだった。

身長は１８０センチ台の前半。飛び抜けて大柄だったわけではない。決め技は足４の字固め。ロッカのような身軽さを有していたわけでもない。それでも気がついた時には常にリングはロジャースの支配下にあった。王者の手のひらでいいように転がされた観客の呼吸は乱れ、心拍数と血圧は上がる一方。心の揺さぶりが次回興行の集客へとつながっていく。

3月9日。シカゴのアンフィシアターで正平はロジャースのNWA王座に初めて挑んだ。

私は控室に入った時から、足が地に着いていなかった。ミスターXとの初対戦の時もアガッたが、そんなものでは無かった。夢の中で断崖絶壁から突き落とされた——そんな気持ちだった。

何をやったのか、全く覚えていない。いや、何も出来なかったと言うのが正しいかもしれない。とにかく一人前の悪党になったつもりの私が、あくどいことは何一つ出来なかった。ロジャースは、私などとはケタの違う大ヒールの王者だった。試合が終わっても、まだしばらくの間私はボーッとしていた。

（『王道十六文　完全版』より）

正平のメモ帳によれば、三本勝負の1本目は〈5分、えび固〉、2本目は〈7分、足固〉でストレート負けを喫した。完敗である。だが、ロジャースは何もできなかった正平を高く評価した。タイトル挑戦者としての適性を見抜き、このあとも「東洋の巨人」を迎え撃った。

3月12日、ワシントンDC。
6月16日、ペンシルベニア州フィラデルフィア。
6月23日、オハイオ州コロンバス。
6月27日、ニューヨーク州プーケプシー。
7月7日、オハイオ州コロンバス（ノンタイトル戦）。

7月25日、オハイオ州コロンバス。

11月19日、メリーランド州ボルティモア。

コロンバスでの対戦が目立つが、当地は興行戦争の真っ只中にあった。侵攻を企てる他プロモーションへの対抗手段として、ロジャース一派が切り札に起用したのが「GIANT BABA」だった。

6月23日。コロンバス三番勝負第1戦。正平のメモ帳にはこうある。

馬場（スリーパー）⑽
バデー（脳天落し）⑷
はんそく　引わけ　メンエベント

この試合、プロレスマニアの間では「ジャイアント馬場、幻のNWA王座奪取」の一戦として記憶されている。

のちの正平自身の回想によれば、最後はロジャースの場外カウントアウトによって一度はレフェリーも自分の手をあげベルトも受け取った、という。だがその後、ロジャースを場外に投げ飛ばした正平の行為が「オーバー・ザ・トップロープ」の反則と見なされ、ベルトも没収された。

ニューヨークに戻った正平は24日、力道山あての手紙を投函した。

コロンバスではロジャースがベビーフェースです、また満員になりこの試合は引わけで二週間後に再び試合をすることになりました。試合中ロジャースが顔から血を出しお客がリングの中に三人ほど入って来て私に向って来ました。(……)私は昨日ほど客にさわがれた試合は初めてです。またプロモーターから大変良かったと云ってもらい自分の責任をはたす事が出来た様で大変満足な気持でした。これからも色々勉強して立派なレスラーになって日本に帰りたいと思っています。

幻の王座奪取による遺恨が生まれ7月7日のコロンバス大会へ。ただし、三番勝負第2戦にタイトルは懸からなかった。真の決着戦は同25日という判断だったのか。正平のメモ帳によると結果はロジャースがスリーパーホールド(8分)で勝利。ドクターストップとの記述もある。

特筆すべきは当日の正平のスケジュールだ。メモ帳にも力道山への手紙にもロジャース戦を含めて一日3試合、それも会場を替えておこなったことがサラッと記されている。

7日　クリーブランド　VSフレッド・アトキンス
コロンバス　馬場VSサイレント・モンタナ、ジャン・キャロイ
コロンバス　VSバデー・ロジャース

興行戦争のさなか、同日にオハイオ州内で開催される他プロモーションの大会を挟み撃ちにする。そんな意図がうかがえるクリーブランド、コロンバス両大会を正平はハシゴ参戦した。さらに言えば、同じオハイオ州とはいえ約200キロの距離を移動したのちに、正平はまず1対2のハンディキャップ・マッチに登場。怪物ぶりを遺憾なく発揮したうえでメインイベントのロジャース戦へ。これぞ売れっ子の働きである。

一日3試合はこの日が初めてではない。さかのぼること約3カ月。4月2日、正平は〈先生〉こと力道山あての手紙をコロンバスで投函した。

前略
先日は先生と一緒に一日過し私の親か兄に会った様な気持で楽しく思いました。私は今度オハイオ州の方にも試合に出してもらう様になり土曜日は大変忙しくなりました。先週と今週の土曜日は一日三試合もやっています。オハイオ州にはカール・クラウザーやゼブラ・キ

ッド等も居ます。昨日ゼブラ・キッドからタイツを二つもらいました。

3月24日はペンシルベニア州ピッツバーグから州境を越えてコロンバスの会場へ。同31日にはコロンバスからピッツバーグ、そしてまたコロンバスへ。実に往復約500キロを移動して計3試合。手紙を読む限り、正平は事もなげに消化している。プロモーターから必要とされていることの喜びが文面にあふれている。

7月25日。コロンバス三番勝負第3戦。こちらはタイトル戦ながら異例の試合ルールが語り草となっている。時間無制限10本勝負。5本先取で勝利となる。

『王道十六文　完全版』によれば、正平がいきなり4本先取するも5本目に興奮した観客がドッとリングに乱入。無効試合の裁定が下ったというのだが、8月2日投函の業務連絡に書かれた内容はいささか異なる。

私が四フォールをストレートで取り五本目私がロープの上からニードロップをやり逃げられ足を取られて負け。レフリーストップで負け此の次またやる事になりました。又今度のシカゴはキラー・コワルスキーとやる事になっています。だんだん自分の勉強になる試合が続いて来ました。

いずれにせよ、正平はコロンバス三番勝負をやり遂げた。この時、プロモーターから正平サイドに支払われたファイトマネーは週８０００ドルだったという。

だが、正平の薄給は変わらない。メモ帳には〈フレッドから得た金〉の記載もあるが、１９６２年7月の週給は80ドル。当初の60ドルから昇給したのが3月第4週。しかし、その後は据え置かれていた。ようやく8月第4週から週１００ドルに上がったが、残りはアトキンスや東郷、そして言うまでもなく力道山の手に中間マージンとして渡った。

それでも、僕としては文句は言えなかったんです。なにしろ、力道山に対する僕らの立場というものは、なんていうんですか、もう問題にならなかったんですよ。アメリカ修行だって、「ほら、行って来いっ!」、アメリカへ行ったら行ったで、「ほら、金なんてお前たちはいらないよっ!」、といったようなもんです。で、そう言われりゃ、「ハイっ」って、僕らが文句なんか言えない状態でしたからね。

（『16文の熱闘人生』より）

大会場での試合が終わると、正平の手もとにギャラ全額が記載された小切手が届く。裏面に正平のサインが必要になるのだ。ある日、自分はいったいどのくらい稼いでいるんだろうと思い、正平はオモテの額面を見ようとした。すると、アトキンスに叱られた。「お前はそんなとこ見なくていい」と。

売れっ子でありながら子ども扱い。世の不条理を感じつつも、正平は賃上げ闘争やストライキに走ることなくリングに上がり続けた。

コロンバス三番勝負が始まる直前、6月1日の試合を最後にマンモス鈴木が帰国した。ホームシックに観客とのトラブル、あるいは現地留学生とのトラブルが重なったことが原因と言われる。また、夜遊びも目に余るものがあったことを正平の手紙は教える。消印は4月14日である。

> それからもう東郷さんから先生の所に話が有ったと思いますが鈴木の夜遊びが度を越している様です。先生がニューヨークに来られたずっと前からですので私が先生に話せば良かったと思いますが先生が鈴木にお前も子供ぢゃないからと云う様な事を云っておられましたので私はフレッドが先生に話したと思い黙っていました。毎朝四時か五時でないと帰って来ません。鈴木に一言手紙でお願いします。

正平は身長193センチの鈴木と何度もタッグを組んだ。周囲は巨漢コンビとして売り出そうとした。コンビでプロモーション活動に臨むことも少なくなかった。4月29日投函の手紙。

前略
日本もワールドリーグ戦が始まり先生も一層忙しい事と思います。ニューヨークもやっと草木が青くなって来ました。ニューヨークにはボボ・ブラジルやマイク・マズルキーなど日本に行った人達がやって来ました。また先日モントリオールで私と鈴木がテレビで日本の相撲を取りレスリングをしたりロッカがレスリングの技を公開し、次の日モントリオールで大きな試合が有り一万人位入りました。

二人三脚、その足を拘束していた紐を自ら解き、鈴木は正平の前から姿を消した。6月7日投函の手紙。

鈴木がいなくなりましたが淋しさを試合でまぎらし必ず先生の期待に答えられる様に一生懸命頑張ります。

タッグパートナーの喪失により、図らずも正平はシングルマッチでの出番が増えることになった。対戦相手にはロジャースを筆頭に、日本のプロレスファンにもなじみ深い名前が並ぶ。ボボ・ブラジル、ジョニー・バレンタイン、アントニオ・ロッカ、ブルーノ・サンマルチノ、エドワード・カーペンティア、キラー・コワルスキー。

正平は忘れることのできないレスラーとして、ブラジルの名を挙げる。

僕がアメリカに渡ってマットを踏んだころには、ボボ・ブラジルはもうニューヨークのひのき舞台で大スターでしたから、僕にとっては雲の上の人でした。

それでニューヨークで、ボボ・ブラジルとのシングルマッチをよくやりましたが、黒人特有のバネというか、体のしなやかさには、それは素晴らしいものがありましたね。あの大きな体で、あの大きさで、ジャンプ力もすごいもんでした。

なぜ忘れられないかというと、その大スターが、まだまだ駆け出しのグリーンボーイの僕を、リングに上がれば、対等の相手として扱ってくれたんですよ。

レスラーにも意地の悪いのがいます。僕らグリーンボーイを小僧扱いしたり、新人だということでばかにして、試合でもまともにやってくれなかったりね。僕が全日本プロレスを作ってから、外国人選手を随分呼びましたが、そういうレスラーを呼ぶ気はしませんでした。でも、ボボ・ブラジルだけは、手加減をしてくれたのではないんですが、こちらが胸を借りるような気持ちでいくと、真っ向から受け止めてくれたんです。

（『16文の熱闘人生』より）

5月12日投函の手紙に次のような記述がある。

一週間ほど前、私とエドワード・カーペンティアとの試合でセメントになってしまいあまり良い試合で有りませんでしたが、一昨日またセメントの様な試合になり私が良くせめたので帰って来てフレッドが良かったと云ってくれました。

セメントとはプロレス界の隠語。語源は定かではないが「硬い」ことを表しているのだと推察できる。自身の体をガチガチに固め相手の技を受けようとしない。無機質で血の通わない態度を一方が示すことで、試合は観客の存在を無視したケンカマッチの様相を呈していく。

「マットの魔術師」と称されたカーペンティアは、この時点ですでに押しも押されもせぬスター選手。正平は小僧扱いされたのだろう。そして、正平は敢然と受けて立った。そして、アトキンスに「よくやった」と褒められた。そして、手紙を読んだ力道山も「うん、うん」と弟子の気迫に目を細めたことだろう。

ケンカ上等の気構えこそがプロレスラーの絶対条件なのだと説く二人の師。だが、ロジャースらとの実戦を通して観客との「対話」こそがプロレスの本質なのだと学習してきた正平にとって、カーペンティアは尊敬に値しない男だった。

アメリカ武者修行時代の象徴とも言える下駄を履いてのポーズ写真。激しいトレーニングによって肉体はたくましさを増していった

のちに正平は日本に舞台を移し、ボボ・ブラジルとライバルストーリーを紡ぎあげたが、その一方でカーペンティアを全日本プロレスのリングに招へいすることはなかった。

10月7日投函の手紙。正平はガンコ親父からの独立を力道山に告げる。

> 私は今までフレッドと一緒に毎日練習して来ましたが、これから少しの間自分一人で練習をしたいと思います。なぜなら私は現在二百九十ポンド位になってしまいました。彼は私に一日六時間か七時間眠れば充分だといって充分の睡眠時間をくれません。そして又食事はたくさん食べると怒ります。兎に角私がふとるのを嫌がります。私には二百八十五ポンド位が一番良いと云っています。先日東郷さんが来られた時二週間ばかり良く食べましたので少しふとりました。そしたら彼が帰って来てふとったと云って怒ります。現在私はどうして良いかわかりません。

その後の手紙には一切の続報がないためすぐに復縁したものと思われるが、アトキンスのもとから正平が正式に巣立つ日は、もう間近に迫っていた。

12月。視察のため力道山がニューヨークを訪れた。「お前が葉巻なんて、10年早いわ！」と一喝されたのはこの時である。

同年3月。力道山はロサンゼルスでフレッド・ブラッシーを破り第2代WWA世界王者となっていたのだが……。


7月にロスで王座を奪還されてはいたが、太平洋岸地区ではトップ・スターだった。だが大西洋岸の東部マット界では、ほとんど知られていない。ニューヨーク近郊のサーキットに参加して、2～3試合出場もしたが、リング・アナが、

「ビッグ・ババの師匠のリッキー・ドーゼンだ」

と紹介しなければ、観客はキョトンとしていた。プロモーターのマクマホンは、

「まだPR不足だから」

と本拠MSGの試合にはついに出場させなかった。私は何か申し訳ないような気持ちで、つくづくアメリカ・マット界の広さというものを痛感させられたものだった。


（『王道十六文　完全版』より）


弟子に対して威厳を誇示した師匠がマクマホンには軽くあしらわれた12月10日も、正平はMSGのリングでカーペンティアと闘った。日本での序列は、マクマホンにとってはどうでもいい話だった。

正平の商品価値を再認識したのだろう、力道山はほどなくアトキンス経由で正平に帰国指令を下した。

年が明けて1963年。正平はロサンゼルス地区に移り、東郷のもとで試合を重ねた。ここでのハ

イライトはＷＷＡ世界王者であるザ・デストロイヤーへの挑戦。２月から３月にかけて都合３度チャレンジした。

アトキンスからは「デストロイヤーはいいレスラーだ。手強いから気をつけろよ」との注意を受けていたが、正平に一切の気後れはなかった。そこまでの大舞台での経験の数々が確かな自信となっていた。

1年半前は駆け出しで、東郷に下駄でぶん殴られて涙を流したこともあった私が、今度はどこへ行ってもメイン・エベント。これは何とも気分のいいものだった。

（『王道十六文　完全版』より）

帰国の準備を進める正平のもとへ、力道山がやって来たのは３月上旬のことだった。

「ヒーローになったお前を迎えに来たんだ」

思わぬ師の言葉に正平はただただ照れた。婚約発表から２カ月。力道山が醸し出す気配から刺々《とげとげ》しさが消えていた。

「俺は鬼のリキさんから仏のリキさんになるんだ」

ニヤリと笑った師は言葉を継いだ。

「俺もいつまでも現役でやってるわけにはいかねえ。引退したら観光会社に重点を置こうと思ってる。マット界のことはお前に任せるから、頑張ってくれ」

3月15日。サンディエゴでの対ザ・デストロイヤー、3度目のWWA戦が1年8カ月に及んだ武者修行を締めくくる試合となった。メモ帳にはこうある。

ババ（体個）(21)
はんそく負（3）
レフリーストップ（10）
メインエベント

体固めの「固」の字が「個」になってしまったのはやっと日本に帰れる、そのうれしさゆえのご愛嬌か。

メモ帳102ページ分を費やした旅が終わった。

正平は力道山とともに帰国の途に就いた。日本到着は3月17日の午後5時40分。自分を取り巻く世界が一変していることを正平はまだ知らなかった。

第3章

思いは太平洋を越えて

1963年3月17日、羽田空港の到着ロビーは人口密度が極めて高い空間となっていた。

えっ、何かあったのかな。正平の怪訝な表情に気づいた力道山が言った。

「みんなお前を見に来たファンだよ、馬場チャン！」

師の「チャンづけ」にも耳を疑ったが、それより何より見知らぬ人たちが自分を目当てに集まっている、その現実がにわかには信じられなかった。

まもなく銀座東急ホテルに場所を移して記者会見がおこなわれた。背後には金屏風《びょうぶ》とともに「MR力道山　MR馬場　凱旋帰国歓迎」と書かれた紙。前方にはなじみの記者に交じって初めて見る顔がいくつも。正平は視線のやり場に困ったが、機内での力道山の言葉を思い出すことで心を落ち着かせた。

「今日はお前が主役だから、しっかり喋れよ」

3月26日にはフジテレビ系のトーク番組、当時は21時30分から放送されていた『スター千一夜』に力道山とともに出演。正平は「時の人」になっていた。

そんな晴れがましい息子の姿を1秒でも早くこの目で見たいと、ミツは正平の帰国当日、空港に駆けつけた。

会見の様子も部屋の片隅から見届けた。矢継ぎ早に質問を繰り出す取材陣に対して、意気揚々とアメリカでの出来事を語る正平に、ミツはあらためて歳月の流れを感じた。

その日の夜。母と子は知人宅に身を寄せた。正平は時を忘れて武者修行のあれやこれやを話した。

いまだプロレスに明るいとは言えないミツであったが、終始にこやかに耳を傾けた。本気の縁切り宣

1963年3月17日、武者修行から帰国した正平（右）は力道山（左）とともに記者会見に臨んだ

言から3年。ふと気がつけば窓の外では朝日が昇ろうとしていた。

翌18日。三条に戻るミツを見送った正平は、都内渋谷のリキ・スポーツパレスへ。最大収容3000人のプロレス常設会場を備えた地上9階建てのビルは、正平の渡米直後の1961年7月30日にお披露目されていた。

ビル内の日本プロレス道場で公開練習に臨んだ正平は、併設の団体事務所に顔を出した。目的は武者修行中のファイトマネーの清算。社長室で力道山は言った。

「お前のアメリカでの稼ぎは、2万ドル残っている」

日本円で720万円。正平は少なくとも10万ドル以上は残っていると踏んでいたが、東郷が力道山に渡した明細書によれば、東郷とアトキンスのマネージメント料、現地での交通費や宿泊費、食費から洗濯代などの雑費がすべて漏れなく計上されていて、収支は合っていた。

正平は2万ドルのうち5000ドル分の日本円180万を受け取った。残りの1万5000ドル(540万円)については力道山が「ちょっと貸しとけ」と言った。

当時、力道山は事業を手広く展開していた。リキ・スポーツパレスではボウリング場はじめサウナ風呂にレストラン、ボクシングジムや女性専用のトレーニングジムなどを経営。ビル全体の総工費は15億円と言われた。

ほかにも赤坂ではリキ・アパートの建設が進み、またロサンゼルスでの言葉通りに力道山は『リキ観光開発株式会社』をまもなく設立。神奈川県の相模湖畔にゴルフ場やサーキット場などを備える一大レクリエーションセンターを作ろうとしていた。

無論、プロレス本体の外国人レスラー招へいにも金が掛かる。水面下で借金は膨らみ、税金の支払いも馬鹿にならない。そうした状況下での「ちょっと貸しとけ」。まさか「嫌です」とも言えず、正平は力道山の要請に従ったが、引き換えに師匠から借用書という形で一筆取った。

入門当初に交わした月給5万円の口約束があっさり反故にされた過去があり、その二の舞は御免だと思えば当然の方策ではあるが、それにしてもよくぞ力道山に「書いてください」と切り出せたものだ。契約社会であるアメリカのマット界で師をも凌駕《りょうが》するポジションを確立した、その事実が自信となって正平の背中を押したのか。

ゆくゆくこのような交渉事があることを予見して日々青い万年筆を握っていたわけではないだろうが、アメリカでの収入を逐一記したメモ帳も、「これだけしかもらっていません」という正平の主張を裏付ける重要な証拠になった。なお、1万5000ドルについては力道山の死後、日本プロレス興業との間で清算が成立している。

メモ帳に書かれているのは試合結果や収入だけではない。正平は現地で購入した必需品、半ズボンやスーツケース、タイツやコート、背広や靴などを個数、代金とともにリストにしていた。

さらに〈税金　1115ドル66セント〉の記載もある。もはや単なるメモ帳ではなく帳簿と評してもいい。この几帳面さはどこに由来するのか。2018年11月に発足したジャイアント馬場の功績を後世に伝承する団体『三条ジャイアント馬場倶楽部』で副会長を務める原田洋一は「やっぱり生まれ育った環境がそうさせているのではないでしょうか」と分析する。ちなみに原田は正平の小・中学校の後輩にあたる。

「生家が1個いくらで商売する青果商だったこともそうですが、お父さんも鍛冶職人なので細かい部品はそれこそ1個何銭の世界だったと思います。馬場さんの几帳面さの背景には三条の土地柄があるのかもしれませんね」

さて、一筆求められた力道山の心境を推し量れば、当座をしのぐ現金が手に入るのであれば借用書でもなんでも書いてやる、といったところか。「ふざけるな!」と拒絶して正平にヘソを曲げられては元も子もない。力道山は何がなんでも「時の人」を抱え込む必要があった。

なぜなら正平には帰る場所がある。アメリカである。帰国が決まった前年の末、アトキンスは正平にこう言った。「年が明けたら、日本に行ってこい」。お前のホームグラウンドはアメリカだよ。それがガンコ親父のメッセージだった。

3月21日。『第5回ワールド・リーグ戦』に参加する外国人レスラーが来日した。その中にアトキンスの顔があった。外国人選手の招へい窓口である東郷にねじ込み実現した、50代にしての初来日。力道山は「あのじいさん、お前から離れたくないらしいぜ」と正平に笑ってみせたが、アトキンスの真の目的は正平の再渡米の手はずを整えること。その一点において、同じくシリーズに参戦した東郷とアトキンスの利害は一致していた。

同23日。東京・蔵前の国技館でリーグ戦が開幕。正平は6人タッグマッチに登場。力道山とのチーム結成も日本でのメインイベントもこれが初めての体験だった。

翌24日。アメリカでも対戦経験のあるキラー・コワルスキーとの特別試合、45分3本勝負が正平にとっての「出世試合」と位置づけられている。

まだまだ技のレパートリーは乏しい正平ではあったが、「ヤシの実割り」の日本名で知られるココナッツ・クラッシュや飛行機投げなど立体的な攻撃を披露。ラフファイトを身上とするコワルスキーの反則攻撃に怯むことなく応戦し、パンチを浴びれば空手チョップを繰り出し立ち向かう。2メートル近い長身を誇るコワルスキーを相手に正平は狙っていた「スケールの大きなアメリカンファイトの真髄」を見せることに成功した。

結果は時間切れ引き分けながら、リーグ戦の優勝候補にも挙げられていたトップ外国人選手との激闘に、超満員の観衆は総立ちとなって拍手と喝采を奏でた。通路の奥で試合を見ていた力道山も称賛の言葉を正平に送った。

「おう。お前ようやったな。疲れたろう、動きっぱなしだったもんな。うん、ようやった」

スター誕生の瞬間だった。このリーグ戦から正式に「ジャイアント馬場」を名乗ることになったニューヒーローをひと目見ようと、地方巡業の各会場は活況を呈していく。

正平の待遇は一変した。給料は単価が上がり1試合あたり1万2000円となった。巡業中の汽車移動では力道山らと同じ二等車（現在のグリーン車）に乗るようになった。当時は駒角太郎を名乗っていたのちのマシオ駒が付け人として身の回りの世話をするようにもなった。

マスコミもあの手この手で正平をクローズアップする。月刊専門誌『プロレス&ボクシング』の特集記事のタイトルは「ジャイアント馬場に30の質問」。その中で結婚、さらには好きなタイプの女性について問われた正平は、次のように答えている。

「結婚だなんてとんでもない。まだまだですよ。プロ・レスラーとして一人前になって……誰が見ても、ああ立派になったといってくれるようになるまでは結婚しません。いまはまだ修業時代ですからね。（……）

〔好きなタイプは〕かれんな人。顔だちやスタイルがいいことに越したことはないけど、顔より心の美しい人がいいね。僕はやさしい人がいいなあ」

（『プロレス＆ボクシング』１９６３年６月号より）

この時、脳裏に元子の顔が浮かんだかどうか。だが、約半年後に正平はじっくり醸成されていた自分の思いに気づくことになる。

アトキンスは約2カ月の日本滞在期間中に、正平の再渡米に関する約束を力道山から取りつけカナダへと戻っていった。

ひとつの武勇伝が残っている。待遇が一変したことで、入門以来渦巻いていた正平に対する嫉妬が一気に表面化した。首謀者は団体ナンバーツーの豊登。「試合中、馬場にケンカを売って腕の1本でも折っちまえ！」と大木金太郎をけしかけた。

トップグループに加わった正平ではあったが、一方で帰国後も大木や猪木らとのシングルマッチが組まれている。ちなみに対猪木は武者修行出発前が6戦6勝、帰国後が10戦10勝。正平の16勝0敗が全戦績である。

豊登の不穏な動きは正平の耳にも入った。仕掛けられたら受けて立つ構えだったが、誰よりも激怒したのがアトキンス。4月6日の山口・防府大会、6人タッグマッチで豊登と顔を合わせるとアトキンスは場外乱闘中に豊登の左肩を脱臼させた。ガンコ親父の荒っぽい制裁によって嫉妬を封じ込めた。

それでも正平の心が完全に晴れたわけではなかった。夢の二等車も居心地の悪さは拭えず、アメリカへの思いが日ごとに募っていく。

10月7日。ようやく力道山からゴーサインが出たことで、正平は羽田空港から再び機上の人となった。今回は一人旅。まず向かったのはハワイだった。

各島を巡って2週間のサーキット。温暖な気候と雄大な海が正平を魅了する。ぼんやりと将来を思い描いた。「こんなところに住めたら幸せだろうなあ」と。

試合では日系人を中心とする観客から大声援を浴びた。形の上では2度目の武者修行となっていたが、この時点まではトップレスラーの優雅なハワイ遠征、そんな趣さえあった。

しかし、ハワイからカナダへ渡ると空気が変わる。前回の武者修行の拠点は大半がニューヨークだったが、今回はアトキンスの自宅があるクリスタルビーチから、まずは五大湖周辺の都市へと向かう日々が続いた。

安ホテル暮らしは相変わらずだったが、何より街の景色が違う。その名前からは華やかな印象を受けるクリスタルビーチだが、アトキンスの家の周囲には見渡す限り何もない。

10月下旬になると雪も舞い始めた。その中でのランニング。三条で寒さに慣れているはずの正平ではあったが、北緯42度あたりのましてや遮るものが乏しい田舎町に吹く風は、身に突き刺すようでこたえた。しょんべんたれと化す自分が嫌で嫌で仕方なかったセントラルパークでのランニングが、極楽に思えた。

アトキンス宅に入ってしまえば寒風はしのげるが、今度は「地下道場」でのマンツーマン・トレーニングが熱を帯びる。ガンコ親父は「技を増やせ」などとは言わない。ロープを引っ張れ。下半身を鍛えろ。腹筋が大事だ！

正平がメインイベンターとしてどれだけ観客を集めようが、アトキンスにとっては関係ない話だった。まだまだお前は発展途上なのだと、基礎体力作りに時間を割いた。

後になって振り返ってみれば、ここでの猛練習が長い選手寿命につながったと正平は『王道十六文』にも記している。しかし、当時はこれが未来への投資だとは思えない。そこまでの余裕はない。ボロ雑巾をしぼるがごとくクシャクシャにされ、汗も枯れ果てるほどに追い込まれた正平は、思った。

「もう、死んだほうがマシだ」

メインイベンターなのにボロ雑巾。そのギャップに精神は崩壊寸前だった。

「カナダと日本が地続きなら、歩いて帰るのになあ」

安ホテルの狭いベッドに寝転がり、できもしないことを妄想しているうち、枯れ果てたはずのボロ雑巾の瞳や鼻に水分が満ちた。前回の武者修行中には無縁だったホームシックに、正平は陥った。

だが、カナダと日本の地面はつながっていない。徒歩ではたどり着かない。逃げ出すことはできない。ならば、やるしかない。踏ん張るしかない。

睫毛《まつげ》を濡らす水分を指先で拭い、上唇に向かって垂れようとするとろりとした液体をすすり上げ、正平は体を起こし青い万年筆を手に取った。力道山への業務連絡は続いていた。

前略

相変らずの毎日で元気で練習と試合をいたして居ます。今度デトロイトとトロントにも行くことになりました。

師への手紙に弱音や愚痴は見られない。11月11日から21日までにおこなった8試合の詳細を記し、正平は文面をこう締めくくった。

とにかく毎日一生懸命勉強しています。12月の19日頃トロントでザ・ビーストの持つ合衆国チャンピオンに挑戦する予定であります。

11月25日

馬場正平

練習して、試合して、勉強して、日本に帰る。力道山の期待に応える。その姿勢は前回の武者修行から一貫している。11月2日投函の手紙にはこうある。

日本に帰るまでには必ず今までとは変わって帰る決心です。

しかし、力道山がさらに成長したジャイアント馬場の姿を見ることは叶わなかった。12月8日、都内赤坂のナイトクラブで腹部を刺され、同15日に入院先の病院で帰らぬ人となったのである。39歳での死。

正平のもとに訃報が届いたのはそれから2、3日後のことだった。

正平は武者修行の意味を喪失した。

田舎町にも平等にクリスマスは訪れる。賑わいの季節にホテルの住人は正平と91歳の老夫だけ。窓の向こうに視線を向けたところで煌《きら》びやかなネオンは見えない。手紙を書く相手もいなくなった。寂しさだけが膨張するなかで、ひとつの静止画が正平の頭に浮かんだ。

元子の顔だった。

元子、元子、元子、元子……。正平は目の前にあった紙に、久しく会っていない女の名を一心不乱に書き連ねた。

そして、便箋《びんせん》を取り出すとあらためて元子への手紙をしたためた。結婚しているのかどうか、そんな質問もさりげなく添えてみた。

闘う意味を失っても、太陽が昇ればまた試合会場へと向かう。ハンドルはアトキンスに委ね、正平は流れゆく景色をぼんやり眺めていた。自然に涙があふれてきた。

その時、カーラジオから流れてきたのが坂本九の『上を向いて歩こう』だった。

上を向いて歩こう

涙がこぼれないように――

この年、ビルボードのヒットチャートで1位を獲得した『SUKIYAKI』が、アトキンスでも鍛えられなかった正平の涙腺を癒やしていく。1963年が暮れようとしていた。

明けて1964年。正平を巡る綱引きがアトキンス・東郷連合軍と力道山亡き日本プロレスとの間で勃発した。

「日本に帰るな。こっちに定着しろ。必ずNWA世界王者にしてみせる。そのためには東郷と契約しろ」とアトキンス。東郷は具体的な条件を提示した。

契約期間は10年。契約金は16万ドル。そして年収は手取りで27万ドル。当時のレートで換算すれば9720万円。10万ドルレスラーが超一流の証と言われていた時代の27万ドルである。綱引きが始まった時点の週給が120ドル。年収で計算すれば6240ドルなのだから、正平が目を丸くしたことは想像にかたくない。

対する日本プロレスはベテランレスラーの遠藤幸吉を使者としてアメリカへ派遣。正平とはロサンゼルスで会い「今後は豊登、吉村道明、芳の里、遠藤、4幹部の合議制で団体を運営していく。東郷とは縁を切った」と説明した。ただ、何がなんでもお前が必要なんだ、との熱意を感じ取ることができず、正平は返事を保留した。

熱量の低さは自分に対する豊登の嫉妬を思い起こせば合点はいく。ならば連合軍側に心を寄せるかといえば、東郷とて全面的に信用できる男ではない。下駄で殴られ流した悔し涙を忘れることはない。ビッグビジネスの分岐点。双方の陣営の必死の交渉はしばらく続いたが、最終的に正平が従ったのは豊登でも東郷でもなく自身の「初志」だった。

自分は何のためにアメリカに来たのか。立派なレスラーになって日本に帰る。力道山の期待に応える。何度となく業務連絡の文末に記した思いに正平は従った。

「マット界のことはお前に任せる」

師の事実上の遺言も正平の初志を補強した。

さらには、年が明けて届いた〈お嫁になんて、行ってません〉との元子からの返信も、強烈な磁力を発揮して正平の心を日本に引き寄せた。

帰国を決めた正平。争奪戦に敗れたアトキンスも「お前の出世はこれからだ。頑張れ」と快く最後は握手で送り出してくれた。

武者修行の置き土産は3大世界王座への連続挑戦だった。

2月8日。ミシガン州デトロイトでルー・テーズのNWA世界王座に挑戦。

2月15日。オハイオ州シンシナティでルー・テーズのNWA世界王座に再挑戦。

2月17日。ニューヨークのMSGでブルーノ・サンマルチノのWWWF世界王座に挑戦。この試合はもちろん当日の興行のメインイベントに組まれた。MSGのメイン登場は正平にとって夢の成就であり、感無量のタイトルマッチとなった。

2月28日。ロサンゼルスでフレッド・ブラッシーのWWA世界王座に挑戦。同タイトルには3月20日にロサンゼルスで、同27日にはサンディエゴで、短期間に都合3度チャレンジしている。

以上6試合。いずれもベルト奪取には至らなかったが、正平は観客動員に貢献することで役目を果たした。なお、NWA戦2試合で計3200ドル、WWWF戦1試合で3800ドルのファイトマネーを手にしたことをのちに正平は明かしている。

帰国を前に、正平は日本プロレス側から念書を受け取った。そこには次の4項目が明記されていた。

一．エースの豊登と同等の給料、同等の扱いをする
一．数年後には必ずエースにする
一．日本プロレスの重役として迎える
一．力道山が貴君に残した借金は日本プロレスが責任を持って返済する

これが日本プロレス側が用意できた精一杯の条件だった。

4月3日。正平は途中ハワイに立ち寄り1試合に出場後、約半年ぶりに日本の土を踏んだ。だが、感慨にふける間もなくこの日の試合会場、『第6回ワールド・リーグ戦』の開幕戦の舞台である蔵前

の国技館に急行。車中でショートタイツとリングシューズを履いた。

慌ただしい日常の始まり。「馬場効果」によってリーグ戦各会場のチケットは飛ぶように売れ、テレビ視聴率もプロ野球中継のそれを上回った。

正平のゆくところ、瞬時に人だかりができる。そうした状況下で巡業の合間に訪れた場所、それが明石だった。

当時のスケジュールを見ると4月10日が大阪・豊中、同12日が兵庫・姫路となっている。おそらくは11日、正平は伊藤宏から渡された黒電話の受話器に向かって、鼓動の高まりを悟られぬよう落ち着いた口調で元子に向かって「もしもし」と言った。

この4文字が合図となって、岸辺に置き去りにされていた2人用ボートが水面に浮かんで動き出した。

初めてのデートは吉本新喜劇。関西巡業の空き日に正平が誘ったものだった。元子がいそいそと待ち合わせ場所に出向くと、正平はその背後にいかつい男をふたりも従えていた。

付け人の駒角太郎と大熊熊五郎（のち大熊元司）だった。

もちろん、この時点で元子は彼らの名前を知らない。正体不明の男たちは手際よくキビキビと、先回りをして正平の世話をしていく。

椅子に腰掛けようとする正平。駒がサッとコートを脱がせ、大熊がササッと椅子を引く。靴を履こうとする正平。大熊がサッと靴を揃え、駒がササッと靴べらを正平に手渡す。

巧みな連係プレーに元子は目を丸くしたが、スプリングコートを肩に引っ掛けたまま正平の前を颯《さっ》爽《そう》と歩く元子の姿もまた、駒と大熊を驚かせた。

4人での食事が終わる。ハンガーに掛けてあったコートを正平が元子に渡す。「ありがとう」と元子。固まる駒と大熊をよそに、正平が言った。

「今度、大阪で試合がある時は会場に来てよ」

元子は初めてプロレス会場に足を踏み入れた。そこはタバコの煙が充満する男の世界だった。客席にはちらほら水商売のマダムとおぼしき女性の姿もあったが、正平が用意したリングサイド前方の席に座る24歳の元子は、いや応なしに好奇の視線を浴びた。

なんだか居心地が悪いなあと思ったのもつかの間、試合が始まればすべての視線がリングに向く。元子の目も釘付けになった。

細かいルールはまるで分からなかった。でも、ガッツンドッカン男たちが激しくぶつかり合う、その単純明快な光景に元子は未体験の興奮を味わっていた。体が熱くなっていくのを感じた。

ダーティーなイメージが付きまとうプロレスを、嫌悪の対象として見ていた時期が元子にはあった。だが、プロレスってこういうものなんだと肌で知り、その世界でメインイベンターにまで駆け上がった正平のことが、とても誇らしく思えた。

なるほど、街を歩けば人が寄ってくるわけよね。正平と神戸の街を歩いた時のことを思い出し、フフと口もとを緩めた元子のすぐ近くで場外乱闘が始まった。すると、駒と大熊がササッと駆け寄ってきて、さりげなくガードした。

元子の門限は午後10時。8時には会場を出なくてはならない。メインイベントまで見ていると間に合わなくなる。しかし、正平の出番はそのメインである。

「お時間です」

小声で帰途に就くことを促したのは駒だった。

「いいえ、まだ馬場さんの試合が」

「いいえ、10時に明石に着くように必ず帰してくれと、馬場さんに言われてますので。タクシーのところまでお送りします」

「ひとりで大丈夫です」

「いいえ、あとで叱られますから」

学年で言えば元子の1つ下にあたる駒は律義な男だった。一方で2つ下にあたる大熊は陽気な男だった。酒が入ると場を大いに盛り上げた。

互いにカルチャーショックを味わった出会いを経て、いつしか元子はいかつい男たちを「こまさん」「くまさん」と呼ぶようになった。すっかり打ち解けた付け人たちが、今宵もボートを水面に向かってそっと押す。ふたりを乗せたボートは岸辺を離れ、夜の湖をゆらゆら漂っていく。

オールを漕ぐ正平の顔をまじまじと見つめながら、元子は正平との距離がどんどん近づいていくことを実感していた。

付け人を従えてもなお、どこかの国の偉い王様のようにふんぞり返ることのない正平が好きだった。

街中をふたりで歩いている時にファンから声を掛けられても、決して邪険に扱ったりこそこそ隠れたりせずに堂々と対応する正平が素敵だった。

新しい世界を見せてくれる正平に、このままずっとついていきたいと思い始めていた。正平がそばにいてくれるだけで、無上の幸せを感じ始めていた。

ボートの目的地について、正平と元子の思いが重なるまでにそれほど時間は掛からなかった。

この頃、リング上のジャイアント馬場のパートナーは豊登だった。「TB砲」として1964年5月29日、北海道・札幌大会ではジン・キニスキー&カリプス・ハリケーン組を下し、第11代のアジアタッグ王者となった。そして正平は、チャンピオンとして故郷に錦を飾ることになる。

7月23日。アジアタッグ王座の初防衛戦が正平の母校、三条実業高校のグラウンドでおこなわれた。正平は4月の帰国直後、三条に住む高校時代の旧友と連絡を取った。

「なんとか三条で興行をやりたいんだ。ついては、いろいろ協力してほしい。ただ、ヤクザや地元の興行師は使わないでほしいんだよ」

〈暴力団と関係断つ〉。そんな見出しがついた記事が読売新聞の社会面に載ったのは、1965年2月23日のことだった。記事は、日本プロ・レスリング協会の会長・児玉誉士夫と副会長の田岡一雄（三代目山口組組長）が辞任したことを伝える。

その年の4月18日に日本プロレスは兵庫・神戸市立体育館大会を予定していたが、同市から会場使用を断られるなど、プロレス界と暴力団の結びつきについて世間から厳しい声が噴出したのがこの時期だった。日本プロレスは暴力団の資金源になっている疑いが濃い、と警察は睨んでいた。

それほど両者は密接な関係にあったということになる。力道山の死後、日米間で展開されたジャイアント馬場争奪戦において流れを決めたのが、正平に対する田岡からの「日本に帰ってこい」との電話だったと言われている。

　正平はそうした関係をいち早く清算していきたいと考え、無理難題であることは承知のうえで旧友に頭を下げた。そのためだったら何でもやると、正平は大会1カ月前から東京と三条を何度も往復。軽トラックの荷台に乗って、人口7万3000の三条の街をグルグル回り宣伝活動に努めた。旧友は「お前を見世物にしてしまい申し訳ない」と心を痛めたが、正平は「俺が頼んだことなんだから、気にするな」と肩を叩いた。

　県立高校のグラウンドをプロレスの会場として使うことについて、当初は許可が下りなかった。旧友は「馬場くんが母校を汚すようなことは絶対にない！」と関係者を説得した。

　それまでに三条でプロレスの興行が開催されたことはない。何もかもが初めてだったが、中学時代の野球部チームメートや後援会のメンバー、燕市の『馬場選手同年会』など支援の輪は広がり、いよいよ試合当日を迎えた。

　遠慮がちの入道雲と強い日差しが日本プロレス一行を歓迎する。高校の敷地を囲む外壁には祝いの花輪がズラリと並び、体育館の窓からは「頑張れ馬場正平」の垂れ幕が下がる。取材陣は地方興行としては異例の40人超を数えた。

「暑いなあ」。プロモーターでもある正平は好天に胸を撫で下ろした。かつて白球に青春を捧げたグラウンドには、主催者発表で2万人が押し寄せた。

「ケガ人が出ると困るから、もうこれ以上、人は集まってくれるなよ」と正平がこぼしたほどの大観衆に囲まれて、午後9時ちょうどにアジアタッグ戦が始まった。

三本勝負は2対0、TB砲はジョニー・バレンド&ザ・スポイラー組を一蹴した。1本目は豊登がバレンドを押さえたが、フィニッシュホールドとなったのは正平の十六文キックだった。そして、2本目は正平が空手チョップからココナッツ・クラッシュとつないでスポイラーを仕留めた。

あらん限りの力を込めて拍手を送る2万の大観衆。リングサイドに駆け寄って地元が生んだヒーローに触れようとする子どもたち。その熱狂の渦の中に、ついさっきまで客席にいた正平の両親、一雄とミツの姿はなかった。

セミファイナルが終了し、ファンの大歓声をかき分けてリングへと上がった正平。その様子を見届けた一雄とミツは「もしも負けるようなことがあったら、皆さんに申し訳ないので」と、席を立った。自宅で勝利の報に接したミツは、涙を流して喜んだ。正平が住むアパートに乗り込み「プロレスラーになるなら勘当だ」と詰め寄った夜のことを懐かしく思い出していた。

深い感慨は正平も同じだった。中退ゆえ卒業生名簿に自分の名前は載っていないだろう。それでも学校全体、地域全体で応援してくれた。客席には制帽をかぶった後輩たちも大勢いた。「帰ってきたぞ!」と叫びたかった。これでやっと三条に恩返しができた。父も母も安心してくれるに違いない。

堂々たる凱旋を果たした正平は、「握手! 握手!」とリクエストをしてくる子どもたちの手を次々に握りながら、今なお熱を帯びた故郷の空気を大きく吸い込み、そしてフーッと大きく息を吐き、呼吸を整えた。そうでもしないと今にも涙がこぼれてきそうだった。

控え室に戻りジュースで祝杯をあげた正平はこの1カ月、宿泊先としていた繁華街の旅館へと急いだ。混乱を避けるために実家では泊まらずにいたのだ。

1964年7月23日、故郷・三条での凱旋試合を終えた正平（右端）は両親や姉・ヨシの家族と合流。激闘の疲れをしばし癒やした（写真：馬場トシ子提供）

旅館の一室では両親と姉・ヨシの家族が待っていた。水入らずの宴席。ヨシの次女、トシ子は当時のことを鮮明に覚えている。

「あの時は大会前に馬場さんのパレードがあって、三条の商店街もすごい人出だったんですよ。試合が終わって、あらためて部屋で会った時は、うわあ、ジャイアント馬場がいるっていう感じで。私にとってはおじさんなんですけど、本当にすごくなって帰ってきたんだなあと思いました」

トシ子はのちに元子が立ち上げた『ジャイアント・サービス』の、またトシ子の姉の幸子は全日本プロレスのそれぞれ社員となって、正平を至近距離でサポートしていくことになる。

宴席でしばしくつろいだ正平は、後ろ髪を引かれながらも旅館内の別室に移動し深夜の記者会見に臨んだ。興行全体の感想やアジアタッグの次期防衛戦の予定、3度目のアメリカ遠征や世界王座への挑戦など、多岐にわたる質問にも正平は上機嫌で対応していたが、1本目の決め技について話が及ぶと、にわかに表情が曇った。

「最近、特に十六文キックを多用していますね」

それまでスパスパと吸っていたショートホープを灰皿に置き、正平は言った。

「自分としては、あまり使いたくないんです。あれを技として扱われるのはなんとなくイヤなんです。反則同様、どうしても仕方ない時に使うように心がけているんです」

正平にとって生涯の代名詞となる十六文キックを開発したのは最初の海外武者修行中、1962年7月頃のこと。その日、コンビを組んだスカル・マーフィが対戦相手をロープに振った。「キックだ！」。マーフィの指示に反応して、正平は咄嗟《とっさ》に左足を振り上げた。ロープの反動でハネ返ってきた相手にカウンターキックが命中した。

十六文キック誕生の瞬間だった。そもそもマーフィとのタッグは、マンモス鈴木が修行途中で帰国したことによる偶然の産物。鈴木にあと少しの真面目さがあれば、正平の必殺技は生まれていなかったかもしれない。

無意識に左足を上げたのは、野球における投球フォームの習慣が出たものだった。ただその後、右足が上がることもあった。三条でも豊登が羽交い締めにしたバレンドの胸板めがけ、ドスンと右足を叩き込んでいる。左右どちらの足も軸足となり、左右どちらの足も武器となる。正平の非凡な運動能力がここでも見て取れる。

この攻撃が「十六文キック」と呼ばれるようになったのは、2度目の武者修行から帰国した1964年春頃のこと。名づけ親は某スポーツ新聞だった。正平がロサンゼルスで靴を購入したところ、靴底に「16」のラベルが貼ってあった。それを目撃した記者が十六文キックと命名した。

なお、正平の足の大きさは十六文（38・4センチ）でも16インチ（40・64センチ）でもない。十四文（33・6センチ）から来る34センチ説がある一方で、正平自身は1998年11月23日と30日に2週連続で出演した『徹子の部屋』（テレビ朝日系列）の中で「32センチ」と語っている。

さて、命名を機に正平は十六文キックを多用するようになったが、実はジレンマを抱えていると三条の会見で明かした。しかし、そこでの質問の追い撃ちはなかった。

正平には持論があった。

「プロレスにはすべてがある」

殴ってもいい。蹴ってもいい。投げてもいい。締め上げてもいい。ギブアップ勝ちもあれば、相手をマットに転がして3カウントを取るという勝ち方もある。逆の見方をすれば、どんなに殴られても、どんなに蹴られても、それに耐えられるだけの体を作らねばならない。どんなに投げられても、ケガをしないよう受け身の技術も磨かなくてはならない。いろんな要素が交ざっているのがプロレスなんだ。奥が深いんだよ……。

K－1や総合格闘技の波が日本に押し寄せた1990年代後半、正平はたびたび持論を披瀝した。プロレスは蹴ろうが何しようがいいんだよ。筆者にもそう言っていた。だが、正平にはもうひとつの持論があった。

「トップレスラーたるもの、品のある闘いをしなくてはならない」

品があるのか。品がないのか。正平は「蹴り」を下品なものと捉えていた。「足蹴にする」という慣用句にもつながる冷たくて、無慈悲に相手を突き放すイメージが蹴りにはどうしても付きまとう。そんな攻撃はトップレスラーの振る舞いとしてふさわしくない。それはジャイアント馬場の美学でもあった。

正平は三条の旅館で言った。「あれを技として扱われるのはイヤだ」と。しかし、ファンは十六文を待っている。期待に応えるのもトップレスラーの務めである。

1965年2月1日。正平は3度目のアメリカ遠征に出発した。もはや修行の二文字は似合わない。だが、正平は試合出場と並行して技術を磨いた。ロサンゼルスで空手の道場を開き同市警の師範も務めていたジョージ土門のもとを訪ね、空手の蹴りを学んだ。

遠征前の試合では、相手を蹴飛ばした反動でバランスを崩すケースもあった。こんな単純な攻撃を技と呼ぶのも恥ずかしい、とも思っていた。しかし、技術を一から見直した結果、ピタッと形が決まるようになった。これなら必殺技として使っても自分自身が納得できる。そういうレベルに達した。

確信を得た正平はある日、新たな技の着想に至る。

「片足を振り上げるタイミングで両足で踏み切れば、俺にもドロップキックができるんじゃないか」

よし、俺が教えてやろうとひと肌脱いでくれたのは、ドロップキックの名手として知られるペドロ・モラレスだった。自身より4歳下にあたる陽気なプエルトリカンを正平は弟のように可愛がっていた。

柱に吊るしたバスケットボールがターゲット。正平はジャンプを繰り返した。

「ヘイ、ミスター・ババ。蹴ったらしっかり受け身も取るんだぜ」

体を反転させてマットに着地するコツをモラレスは伝授した。50回目あたりまでは感覚をつかめなかったが、100回目には身長178センチのモラレスの顔と同じ高さのボールを、両足でクリーンヒットできるようになった。

「なあんだ。こんなことならもっと早く練習すればよかったよ」

笑顔でモラレスと握手を交わした正平は3月21日に帰国すると5日後の26日。リキ・スポーツパレスでおこなわれた8選手出場のバトルロイヤルで、ドン・ダフィーを相手に日本初公開。奇しくもモラレスと同じ身長178センチの相手の首筋に密着した両足が鋭く、重量感たっぷりに「三十二文」となって突き刺さる。宙に浮いた正平の体がマットと平行になった、その美しいフォームによる一撃でダフィーをKOした。

1965年に空手の技術を学んだことで、安定感とダイナミックさが増した正平の必殺技・十六文キック

やがて正平のドロップキックは「三十二文人間ロケット砲」と呼ばれるようになった。

正平はかくも技の習得に貪欲だった。体の大きさは絶対的なアドバンテージであったが、それに安易に寄りかかることなく、プロレスラーは何をやってもいいのだと、持論を体現していく。

時にはコーナーマットの最上段にすっくと立ち、そこからリング内の相手目がけてボディーアタックを決めたこともある。念を押すまでもないが、彼はタイガーマスクではない。彼はジャイアント馬場である。そこまでの空中殺法は必要ではないはずなのに、1978年1月18日の北海道・札幌大会でも見事に舞った。40歳の誕生日5日前、ハーリー・レイスのNWA世界ヘビー王座に挑戦した試合でのワンシーンである。

三十二文人間ロケット砲を最後に繰り出したのは自身45歳の冬。1983年11月29日のやはり札幌大会で、天龍源一郎を豪快に吹っ飛ばした。ただ、その一撃をもって三十二文を封印すると「とうとう馬場が飛べなくなった」と限界説、引退説に拍車が掛かったのは皮肉な現象だった。

ジャイアント馬場の強さの象徴でもあったロケット砲。必殺兵器を手に入れた正平の快進撃が始まったのは1965年11月24日、大阪大会。力道山の死によって封印されていたインターナショナル選手権の新王者決定戦で、正平はディック・ザ・ブルーザーを破り第3代チャンピオンとなる。すると以後、力道山の記録を上回る21回連続防衛に成功。この中には1966年2月28日、東京大会でのルー・テーズからの白星、さらには正平が「生涯のベストバウト」と自認する1967年8月14日、大阪球場での対ジン・キニスキー（60分時間切れのあと5分延長も時間切れ）などが含まれる。

1968年6月25日、愛知・名古屋大会でボボ・ブラジルに敗れタイトルを失ったものの、2日後の東京・蔵前大会ではリターンマッチを制した。その試合で決めた「三十二文ロケット砲3連発」は強烈なインパクトを見る者に与えた。

シングル王座と並行してタッグ戦線では、アジアタッグに続いて1966年11月5日の東京・蔵前大会でインターナショナル・タッグ王座を獲得。この時のパートナーは吉村道明だったが6度防衛ののちに王座から転落すると、1967年10月31日の大阪大会ではアントニオ猪木との新コンビでタイトル奪取に成功。「BI砲」は通算29回の防衛を記録するなど無類の強さを発揮した。

また、シングルマッチの祭典『ワールド・リーグ戦』では1966年の第8回大会から3連覇を達成した正平。豊登が1966年1月の段階で日本プロレスを退社したことも重なって、まさに不動のエースとして大車輪の活躍だった。誰にも気兼ねすることなく、再び葉巻をふかすようになったのもこの時期だった。

そこで再び三条の旅館。正平のズボンのポケットに、まだ葉巻はない。いったん手から離したショートホープも灰となり、そろそろ終わりかなと正平が時計をチラッと見やると、記者が申し訳なさそうに切り出した。

「結婚の噂もありますが……」

また、この質問か。正平はうんざりしていた。噂の発信源は『週刊明星』1964年6月14日号の記事だった。タイトルは〈本誌独占　力道山令嬢・千恵子さんとジャイアント馬場の結婚問題!!〉。千恵子さんとは、力道山が前妻との間に授かった子ども。その女性と正平の結婚話が急浮上しているという内容。正平は困惑した表情で次のように答えた。

「弱ったな。そういじめないでくださいよ。千恵子さんがかわいそうですよ。そういった事実はありません。意中の人が見つかったら、すぐにでも発表しますよ」

正平はやんわりと、それでいてキッパリと否定した。どっちつかずのまま、答えをはぐらかすわけにはいかなかった。

それは元子へのメッセージでもあった。この時点ですでに、月光に照らされたボートは結婚という名の岸辺に向かって動き始めていた。

元子は正平からプロポーズを受けていた。「返事はちょっと待って」と一度は家に持ち帰ったが、心を落ち着かせてみれば湧き起こる感情はひとつしかなかった。

正平とともに生きていきたい。

ふたりは逢えない時間を手紙で埋めていった。

1964年7月13日。元子は、前日のデートを思い出しながら、ペンを走らせた。

今日ワ。

まだ、なんだか、フワフワとしていて、お家に帰ってもおちつきません。

又すぐ明日にでもお逢い出来る様な感じです。どうして日曜日があんなに早く月曜日になってしまうのかしら……。

私にもっともっと自由な時間があればと良く思いますが、ある程度、ブレーキがかかっていくでしょうね。

両親には何も云って居ません。又、両親も信用して何も聞きません。だから、よけいに悪いナー——と思って。帰った時に母が楽しかった？と言うだけで別に……。

多分、父も同じ事を聞くだけでしょう。でも、自分に責任を持てばいいと一人で思っています。

23日までは大変でしょうから、23日の三条が終わったら必ずお手紙下さい。


7月15日。当時暮らしていた渋谷区穏田《おんでん》、今でいう神宮前のアパートでこの手紙を読んだ正平は、明石に電話を掛けた。

翌16日の木曜日。元子は長文をしたため、速達で投函した。


今晩ワ。

昨日はお電話どうも有難度う。昨日チョットお話ししましたが、今日、思い切って云ってしまいました。

明日、TVが終わってから云うつもりでいたのですが、先日、名前を云わなかったけど誰なの？　と父が云い出し、とうとう云ってしまいました。

二人共、笑いながら、ダメだと云います。笑うと云っても母は泣き笑いです。母の言葉をかりれば、汗が吹き出た、と云っていました。

父は意外と平気な顔をして居りましたが、きっと母以上に困ったと思います。母の様に、思っていることを云えませんし、頭からドナルって事をする様な父ではないので。私も、頭からダメ！って云われる方が気が楽でした。父のなんとも云えない顔を見ていると、どうしようもありません。

母は、やはり、危険なお仕事だと思って、それを凄く心配してダメダメの一点張りです。今晩はまだいいのですが、明日から貴方のいらっしゃる日まで、二週間程どうすればいいのかわかりません。毎日毎日、外に出かけても夜になればお家に帰らなくてはなりませんし、東京に行っても貴方はいらっしゃらないし。

どうしても、結婚するって事は今日は云えませんでした。でも多分、私の態度で二人は大変だと感じた様です。今日の感じでは、私がどうしてもと云うと、多分許してくれると思います。でも、両親は、貴方には悪いですが、本当に悲しむと思います。

一度でいいですから、いらして下さい。貴方に心の準備が出来、勇気があればいらして下さい。本当に、試合の前でタイミングが悪く、貴方に心配をかけると思いますが、何時までもこのままでいたくなかったので……。

でも、今更ながら大変な事になったナ――と今考えて居ります。何時かは云わなくてはいけない事だったのですが、云った本人が大変なショックを受けているのです。本当に大変です。でも、シッカリしなくては……。

今まで、あまりにも楽しい事ばかりを考えすぎたので、イザ、現実にもどると、そんなにナマヤサシイものではなかったです。

やはり私のまわりを見ると、皆、平凡な結婚をし、それぞれ幸せにしています。でも、もう、どうしようもありません。と思って、どうかしてほしいのです。ダメならダメ。イイナラ、イイ。一日も早く決めてほしいです。

変なお手紙になりましたが、あまり心配しないで下さい。それよりも23日はガンバッテ下さいね。

ではどうぞくれぐれも御身体御大切に。お元気で。おやすみなさい。

元子

元子は正平と真剣に交際していることを、父・悌と母・夏子に報告した。両親は笑顔こそのぞかせたが、実質的にはけんもほろろの反応だった。

それでも元子はどこか楽観的だった。たぶん許してくれるだろうと。しかし、それはとんだ思い違いだった。

7月17日。元子は再び速達を、正平が三条滞在中であることを知っていながら、いてもたってもいられず穏田の留守宅あてに投函した。

考えが甘すぎました。父は、この件に関して昨夜から一口も云いません。でも今朝は五時半頃より起きて何か考えごとをしていたそうです。母はもう全然ダメ。今日は一日中気分がすぐれないんですって。
本当に悪いと思っているのですが、プロポーズされたって事だけしか云ってません。これだけ云うのにも勇気がいりました。これ以上云うには大変な勇気がいります。今の私には残念ながらその勇気がまだありません。貴方にお逢い出来るといいのですが……。当分、東京へ行かせてもらえません。この問題がカタズクマデ。23日が終ればなるべく早くお手紙下さいね。

7月21日。三条大会が2日後に迫るなか、正平も長文をしたため速達で投函した。

元子さん
お便りありがとう。貴女には僕から手紙を出さず申しわけないと思って居ます。貴女も大変苦しんで居られる様ですね。やはり現実にだめと云われたらショックでしょう。
僕も貴女から電話や手紙でその様に知らされた時は、その様に云われる事は最初から知って居ても大きなショックでした。ショックと云うよりも自分が恥かしくなってしまいました。

きっと貴女の御両親は僕の事などは全く問題にされないでしょう。貴女も御両親の気持がはっきりした以上、どうかもう一度良く考えて下さい。貴女の気持は良く解って居ますが。

僕は貴女の御両親が怒りながらも馬場の身の程知らずと笑っていられる事でしょう。何回も云った様に貴女は貴女の育った家庭と同じ様に育った方と一緒になる事が元子さんの道なのです。お父さんもお母さんもそれを望んでいらっしゃるのです。そうなる様に貴女は育てられて来た人なんだ。

僕は何時も思って居ます。貴女と僕とは身分が違いすぎる。貴女が良く考えてその結果がどうなろうとも僕は淋しいでしょう。悲しいでしょう。しかし、何も云いません。どうか良く考えて下さい。

この様に書いたからと云った僕の気持が変ったわけではありません。僕には本当に貴女の為にと思う気持でいっぱいです。もうこの様な心配はいらない事かも知れませんが……。貴女とこの様になったと云う事は僕にとっては光栄なことです。僕は一生懸命頑張ろうと思う。貴女の為に。そして自分自身の為に。

貴女のレコードを聞きながら一人で部屋にひっくり返って居ると、様々想い出が浮かんで来ます。様々と苦しい事もありました。しかし、今の気持の方がもっと苦しい様な気がします。それは貴女や御両親を苦しませる事が……。

この苦しみは自分の一生の宝を得ることになるのだから立派にやって見ようね。

八月一日は豊橋から大阪に行きます。貴女に会う日を心から楽しみにして居ます。貴女に会って話をして居るだけで本当に楽しいのです。貴女も無理でしょうが楽しい日々を送って下さい。お元気で。

伊藤元子様　　　　　　　　　　　　　　　　　　馬場正平拝

正平は別れを示唆した。自分の思いを貫けば、悌と夏子を悲しませることになる。それだけはできないと、苦渋の決断を行間ににじませた。

元子は承服できなかった。手紙を読むと即日、送り返した。

今日のお手紙に、御親切？にもう一度よく考える様にとの事ですが、これ以上、私が何を考えればいいのでしょう。

やはり、ダメダ！と云われた時はショックでした。でも、今は二つに一ツしかない事ですもの。どちらが私にとって幸せでしょう。深く考えずにフワフワとした気持でこうなったのじゃありません。どう云えばいいのかわかりませんが、でも一ツだけ云えるのは、決して私の気持は変わりません。

本当に時々どうすればいいのか、わからない時があります。でも、二人だと何とか出来ると思い、今まで悲しい思いもしましたが、どうにか毎日楽しく過せる様に工夫して来ました。考えに考えた末こう云う風になったのですから、今更……

だから、私の気持はかわりません。貴方さえよければ……

何とか両親にわかってもらえる様にしようと思っています。だから貴方も私の事じゃなく両親の問題の方を考えて下さい。

タッグパートナーに全権を委ね、自身は敵前逃亡を図るかのような正平の行動が、元子には我慢ならなかった。一緒に敵を攻略しましょうよ、と若干の挑発モードで尻を叩いた。

その中で繰り返し記した「私の気持ちは変わらない」とのメッセージ。正平にも思いは伝わった。

7月27日。返信は巡業先の名古屋の旅館から送った。

お便りありがとう

貴女の強い決心を知り本当に嬉しく思います。今後は何とか御両親に貴女をもらうのによろこんでもらえる様に努力しましょう。それには僕が様々な面でもっと立派な人間にならねば無理ですね。出来なくともそれに向かって頑張りましょう。

今日は名古屋に居ます。試合が3時からでしたので帰って来て一眠りして、それからこの手紙を書いています。と云うと貴女はきっと何とのんきな人だろうと思うでしょう。へへへ……

さて今度はお腹が少しへって来ました。ポテトを食べましょう。夏はポテトを食べると夏やせしないとのことです。

では一日を楽しみにして居ます。さようなら。

正平の「へへへ」には若干イラッとしたが、きっと両親の硬直した心もほぐしてくれるに違いない、その秘策も近いうちに用意してくれるだろうと、元子は思った。

だが、悌と夏子が築いた壁は、ふたりの想像を絶するほどに分厚かった。十六文キックをもってしても、新たに開発した三十二文人間ロケット砲をもってしても、ブチ破ることができないほどに強固だった。

両親は正平の人柄をもちろん把握している。初めて伊藤家に迎えた1955年の春。誰よりもにこやかな表情で正平のそばを離れようとしなかったのが夏子だった。

次の年も、その次の年も正平を招待した。夏子は親しみを込めて「正平さ～ん」と呼んだ。そういう光景を見てきたから、元子も当初は楽観的だった。しかし、あの時はプロ野球選手。今はプロレスラー。築いた壁の前で、夏子が両手を広げて立ちはだかる。

「わたしの話を聞いてくれる？」

どんなに元子が低姿勢で語りかけても、夏子は手短に結論を口にするだけ。

「あんな危険な仕事をしている人とお付き合いするのはやめてちょうだい」

「もう二度と会わないで」

「私は絶対に許しませんよ。結婚させませんからね」

元子が幼稚園に通っていた時のこと。夏子に向かって元子が駄々をこねた。

「あの先生、イヤなの」

クラスの担任が気に入らないと訴えた。すると、夏子は幼稚園に乗り込み園長に言った。

「ウチの子のクラスを替えてください」

それほど元子のわがままを聞いてきた夏子が、ここでは頑として譲らない。

1965年。ロサンゼルス滞在中の正平とも、元子はエアメールで頻繁に連絡を取った。帰国後に正平は、神戸で悌とあらためて話すことになった。

4月7日。前年とは異なる呼び名から正平の手紙は始まる。

モーちゃん
神戸では楽しい一日と淋しい一日と、そしてきんちょうした一日でした。貴女が熱を出されて5日に逢えなかったのが淋しかった。
6日はお父さんに遭って色々とお話して来ました。貴女のお家の様子を聞き私の気持も話し、お父さんにお願いや相談をして来ました。

はっきりした返事は一週間位後で、お父さんが貴女の病気が良くなってから、貴女の最後の気持を聞いてお返事を下さるとの事でした。

ただ一度、もう一度だけ、貴女からもう一度云って下されば、いい返事をお父さんからしてもらえると思って居ます。どう様々な事があろうとも、最後は貴女の気持だと云われました。貴女にもう一度だけ、お父さんに聞かれました時に、結婚させてほしいと一言云っていただきたいと思います。

何回も同じ事を…と云われるかもしれませんが、どうぞ、もう一度こらえてください。もし、6日に貴女が病気でなかったら、貴女にホテルに来てもらおうと、お父さんは考えていらっしゃった様でした。貴女のお父さんは、ほんとに貴女の幸せを考えて居らっしゃる様です。


悌の態度は軟化していた。こじれたままの家族関係に心を痛めていた。ある日、夏子に言った。

「自分さえジャイアンツの後援会長をしていなかったら、正平くんがウチに来ることもなかったし、お前も元子もこんなに悩むことはなかったのになあ」

結局、悌は元子の気持ちを受け入れたものの、夏子の態度は不変だった。

夏子は手紙のやり取りにも神経を尖らせるようになった。やむなく元子は1965年6月、「手紙は神戸市の知人宅あてに出して」と正平に願い出た。10月には「ひとまず手紙を出すのはやめて。こっちからはどんどん出すし、あなたのことはテレビを見ていれば分かるから」と正平に告げた。

まるで先が見通せない日々。湖面をひたすらグルグル回旋するだけのボート。正平は元子を大阪のホテルに呼び出した。

「何かあった？」

「実は俺、脳腫瘍で、もう長くないんだ」

読売巨人軍時代に正平が脳腫瘍の手術を受けたことを元子は知っている。

「えっ、再発？　どういうこと？」

「もう手術は無理だ。助からないと言われたよ」

「でも、きのうもプロレスの試合をやってるじゃない！　いつ、分かったの？」

「ついこの間……」

元子は涙に暮れた。ところが、ひとしきり泣いて、ふと顔を上げると、正平の目も真っ赤になっていた。目と目が合うと、正平がスッと視線をそらした。

元子はすべてを理解した。正平がひと芝居打っていることに気づいた。

心労から夏子は床に臥せるようになっていた。その事実が今度は元子を苦しめていた。もう俺が身を引くしかないと、渾身《こんしん》のひと芝居。リング上では滅多にお目にかかれない正平のギブアップ。だが、それが偽りの宣言であることを元子は見抜いた。

「馬場さんの言いたいことは全部分かりました。半年の命だとしても、私は構わないわ。私も荷物をまとめて東京に出ていきます。いや、このまま東京へ行きましょう」

元子の言葉に、正平は「まいったなあ」と今度こそは本当の、ギブアップの意思表示をしてみせた。

後日、帰京した正平は、約束を破って明石の自宅に急ぎ手紙を出した。

先々週の木曜日、本当に失礼しました。僕は貴女の本当の幸せを考え、貴女にうそをついたのですが、東京に帰って来て、僕自身やはり貴女を忘れる事はこの上もなく苦しい事でした。でも、僕の気持も貴女は知ってくれる事と思います。貴女の気持も僕は本当にうれしく思います。僕も全力をつくして貴女との約束と自分の仕事に頑張ろうと思います。

手紙を書く事が何かこそばゆい様な気持で、何かてれくさいものだと思う。この手紙が貴女の家に行く頃は僕が貴女と会って帰る頃でしょうね。明日貴女と会うのだもの……貴女にばかり手紙を書かせて僕が書かないと、本当に貴女に北向かれそう〔スネるの意：筆者注〕なのでこまります。モーちゃん、北向かずに前を向きましょう。

モーちゃん、僕は貴女が本当に僕の事を思っていてくれると云う事は夢の様な気がします。九年前から、貴女から初めてお便りをもらった時から、僕の心には貴女があった。そして五年、色々とお世話になり、貴女を思う気持は大きくなって来ました。しかし、二軍選手では貴女と一緒に付合ってもらうには、やはり役不足だった。

そして野球界を去り、レスラーとして出発し最初の一年、それこそ僕は死にものぐるいに頑張った。そして二年、アメリカに行って、一生懸命やったつもりだ。

自分に仕事以外に考える事が出来る余裕が出来て来た時、想い出す事はやはり野球界に居た時分の様々な出来事です。

そして、僕もやはり年頃の一人の男として考える事は、結婚と云う重要な件でした。しかし、力道山の居た時分には、それを言葉では表わす事が出来ず、又、自分自身生活して行く事にぎりぎりでした。

その様な生活の中にも、僕は貴女の事は常に心の中に想い出としてあったのです。

しかし、貴女には何回も云った様に、僕には貴女が僕のとうてい手のとどかない所の人に思えました。

貴女ももう頃合からして、もしや新家庭生活に入って居るのではないだろうかと、それでも一目会いたいと思い、四月に貴女のお父様にあいさつと云う様な名目を作って明石に寄ってみたのです。

現在の僕には世間にある程度の名も出来た。しかし、貴女に会ってやはり貴女はこの様な仕事を持つ僕にはもったいない人だった。それで僕は貴女には何も云う事が出来なかったのです。

東京で初めて会った時、貴女はレスラーは嫌い！と云われました。たしかに我々はそう云われても仕方が無いのだ。しかし、これが僕の仕事です。誰が何と云ったって、僕はこの仕事に自信と、そしてプライドを持って居る。
これで自分の生活を作るんだ――

出会いから今日に至るまで、自分が元子をどのように思ってきたのか。正平はそれをあらためて知ってほしかった。

もう二度と嘘はつかない。もう逃げない。正平は自身の後援者である当時の自民党副総裁で日本プロレス・コミッショナーの川島正次郎、三菱電機社長の大久保謙らに「お力をお貸しください」と頭を下げ、夏子との大勝負に打って出た。

正平の意を汲んだ川島や大久保らの要請によって、病床の夏子が悌とともに上京。赤坂の東京ヒルトンホテルに赴き、正平&元子との話し合いに臨んだ。

「元子さんと結婚させてください」

チャレンジャー・馬場正平は真正面から夏子にぶつかった。同席した後援者たちは、正平の人柄を口々に絶賛するとともに、プロレスラーとしての将来性についても太鼓判を押した。

夏子は黙って聞いていた。

「馬場くんのことは私たちが保証しますよ。お母さん、どうでしょうかね」

川島の問いかけを受けて、夏子が閉じていた口を開けた。

「たとえ副総裁のお言葉でも、プロレスラーには伊藤家の門は開けません」

それだけを言い残し、夏子は下りの東海道新幹線に乗車した。

どうしたもんだろうなあ。後援者たちはため息をついた。

1967年。正平は次の一手を打てずにいた。27歳となった元子はいっそのこと家出をして東京に行ってしまおうか、とも考えた。しかし、正平は元子を諫《いさ》めた。

「そんなことをしたら、お母さんはどうなってしまう？　ここまで来たら事を急がずに、誰ひとり傷つけない方法を考えたほうがいい。お母さんも納得してくれるような道がきっとあるよ」

正平は悌から思いを託されていた。

「私はもうこれ以上、キミと元子を引き離そうとは思わない。ただ、妻のことはだけは配慮してやってほしい」

夏子を傷つけず、同時にふたりの人生をスタートさせる。二律背反の事象の解決策として元子が選択したのは、単身アメリカに渡って仕事を始める、というものだった。

夏子には、正平との縁はこれで完全に切れた、と思わせた。プロレス事情に明るくない夏子は、ジャイアント馬場が何度も日米を往復していることを知らない。

ただ、父の目はごまかせない。元子は就職の真の目的、母の監視から逃れるためのロサンゼルス行きである旨を明かした。

悌は「分かった」と言った。「向こうに行って、しっかり生活できるのか？」と経済的援助も約束してくれた。父のやさしさは何物にも代えがたい餞別となった。

知人が経営する旅行代理店『アジア旅行社』から採用通知が届いたのは、9月下旬のことだった。

「米国勤務」の4文字に夏子は安堵の表情を浮かべた。同時に「働いたことのないモーちゃんが、アメリカで本当にひとりでやっていけるのかしら」と不安も口にした。母は、やはり母であった。

そして、元子は機上の人になった。

ついさっきまで湖面をグルグル回旋していたボートは、濃霧を切り裂き川を下り、いよいよ大海原へと飛び出していった。

第4章

ハワイで誓った永遠の愛

誰にも咎《とが》められることのない、ふたりだけの生活へ。

1967年9月、日本を離れた元子はハワイで正平と合流。ロサンゼルスの空港にはふたりで降り立った。

元子の住まいは知人が用意した広めのアパート。そこでつかの間の「同棲生活」が始まった。

まずは家具や日用品の購入へ。日本でも決してこそこそすることなくふたりで街中を歩いてきたが、それでも人々の視線には晒されてきた。でも、ここでは違う。ふたりを気に留める者はいない。

元子は右手で正平の左手を引き寄せ、その太い指と太い指の間に自分の細い指を、1本1本が交互になるようにスーッと滑り込ませていった。グローブのような大きな手のひらは、ポカポカと温もりに満ちていた。

今度は腕を組んでみたくなった。絡めていた指を外すと、身長167センチの元子はハイヒールを履いてはいたが、それでも「ヨイショ」と少しだけ背伸びをして、正平の左ひじの内側にスルスルと自分の右腕を通していった。

密着して歩くロサンゼルスの街。正平は歩幅を元子のそれに合わせていく。

「やっぱりコーヒーは気に入ったカップで飲みたいよなあ」

そう言って正平は店を何軒もハシゴした。きれいなデザインの食器を見つけるとにわかに目が輝く。

「それはきれいだけど、洗いづらいわ」などと元子が普段使いを念頭に意見を述べようものなら、ロマンチストの正平は「ユーはまったくもって現実的なんだから」と呆れ顔。買い物に関しては些細なことで意見が対立したが、その口ゲンカさえも元子にはうれしかった。

「新婚生活のスタートとか、新婚旅行のショッピングって、こういう感じなのかなあ」

元子は正平の左半身に身を預けながら、そんなことを考えていた。妻という意識が芽生えた瞬間でもあった。

だが、その甘くて濃密な日々には限りがある。羽田行きの飛行機。正平の搭乗時刻が迫る。

「寂しくなったらいつでも東京に来ればいいよ。俺もまたこっちに来るから。はい、握手」

変わることのない手の温もりは、元子にとって夢の時間の終わりを告げる鐘の音でもあった。

明石で暮らしていた時も、駅のホームやそれこそ空港のロビーで同じように〝しばしの別れ〟を経験してきたが、ここまでの絶望感を伴う寂しさは初めてだった。

でも、辛いのは私だけじゃない。私がめそめそしていたら正平も帰るに帰れない。こうなることは覚悟のうえでの渡米だったじゃないか、と元子は自分自身を奮い立たせた。

「じゃあね、バイバイ」

元子は涙を飲み込んで、西の空に消えていく機影に向かっていつまでも手を振り続けた。

明けて1968年。新年早々に話題を呼んだのが日本プロレスと国際プロレスによる興行戦争、その名も「隅田川決戦」だった。1月3日、日本プロレスが蔵前の国技館で、国際プロレスが両国の日大講堂で、至近距離にある都内の大会場でそれぞれ新春興行を開催したのである。TBSテレビのレギュラー中継が始まった国際プロレスが台頭して本格的な2団体時代が到来、ジャイアント馬場は日本プロレスの大黒柱として、前年1月に旗揚げした新興団体を迎え撃つ立場となった。

それでもちょっとした休みが取れると、正平はまめにロサンゼルスを訪れた。

「ショーへー！」

絶望的な寂しさの反動なのだろう。空港でその姿を見つけると、元子はいつも大声で叫び手を振った。正平はいつも照れくさそうにしていた。

完全なプライベート旅行とはいえ、マスコミにとってチャンピオンの「アメリカ上陸」は無視できない話題。どこからスケジュールが漏れたのか、空港ロビーで取材陣が正平の到着を待ち構えていることも少なくなかった。

ただ、写真を撮られた正平が「俺を載せるのはいいけど、彼女のことには触れないでくれよ」と言えば、記者も「分かりました」と〝ロスでの密会〟には目をつぶった。ふたりの仲は、プロレスマスコミの間では公然の秘密となっていった。

正平と元子は可能な限り共通の時間を作っていったが、遠距離恋愛の状況に大きな変化はない。ふたりにとってコンタクトの手段は手紙か電話しかない。

元子は日をあけず、長文のエアメールを出した。離れて暮らす正平への思いをストレートに綴った。

だが、正平からの返信はなかなか届かない。

元子は一時帰国中の1月9日。イライラをペンに込めた。

正平さんのお手紙だけが楽しみになると思いましたので今日フートウとビンセンを買って来ました。だからなるべくたくさん書いて下さいね。

今からお願いしておきます。この間12月の初めの10日間でも淋しかったのに何ケ月もなるとどうなるでしょうね。早くこんな無理をしなくていい日が来ます様に祈って居ります。

（……）

この頃の正平さんは偉いので困りますが、やはり男の人は偉い方が気持がいいですね。でもこれ以上偉くなられると………

私もアメリカに行き少々考えも変りつつありますが、今までの正平さんがヤサシかったので最初はヤリニククて困りました。

でも、なれるとこの方がいいですね。お正月早々から喜ばせる様ですがもう正平さんも30才ですもの。そろそろ私達にも幸せが来てもいい頃だと思っているのですが………又お手紙書きますが、もうノートはないのですか？

では又明日。おやすみなさい。

1月12日。元子はペンで正平を挑発してみせた。

一人で東京だと遊べるけどロスだと遊べないものツマラナイ。たくさんボーイフレンド作って遊ぼうかしら………

正平さんをビックリさせようかナ。今、正平さんは鼻がグーンと高くなってるのでポキンとオッテしまいたいの。今のうちにオラナイと絶対にダメですものね。私も少し考えます。

「からかいやがって。フン」と鼻で笑った。逆説的な愛情表現であることはすぐに分かったはずだ。

ボ、ボ、ボーイフレンドだと？ 果たして、正平がうろたえたかどうか。いや、きっと

2月18日。ロサンゼルスに戻った元子の手紙は暗いトーンが支配する。「3月まで日本にいれば？」との正平の声に従わなかったことを悔いた。

ロスアンジェルスはやはり遠いです。少しでも近いハワイで正平さんをまっているのならいいですが、ここは誰も知った人もなく正平さんを待っているのがツライです。ハワイで正平さんをまっていてもいいですか？（……）

どうして正平さんの云われる事を聞いて3月にしなかったのか、来てしまって後悔しています。これからは正平さんの事、云われる事、どんな事でも聞きます。だから一日も早く来て下さい。（……）

今日は変なお手紙ばかりでゴメンナサイね。でも正平さん、私一人ではもう生活する事出来ません。正平さんのそばを離れる事が出来ません。離れるとこんなに淋しく悲しいのです

もの。
もうこれでたくさんです。

さらに2日後の手紙。

明日帰ろう明日帰ろうと思いながら今日も一日過ぎました。今日の事をお話ししますが、やはり私はロスには合わないみたいです。ハワイの方が好きです。

ふたりの往復書簡。ただ、この頃は往復とは名ばかりで、元子は正平からの返信を待つことなく、ほとんど一方的に手紙を出し続けた。異国で募るばかりの不安と寂しさが、元子を日々ポストへと向かわせた。一通一通の文字数も、会えない時間の長さに比例して少しずつ増えていった。対して正平は、日本プロレスのエースとして国内外の試合に忙殺され、万年筆の青インクの消費速度は一向に上がらなかった。穴埋めとして、国際電話のダイヤルを頻繁に回すようになった。

正平の声が聴こえる。リンリンとベルが鳴れば元子は息を切らして駆けつけ受話器を取った。

忙しいのにお電話ありがとうね。元子は電話を切る直前だけではなく、後日の手紙でもあらためて感謝を伝えた。

ただ、元子は国際電話に複雑な思いを抱く自分がいることにも気づいた。声が聴こえるのはうれしいが、電話を切れば余計に寂しさが募る。手紙であれば何度でも読み返せるけれど、電話じゃそれができない。

正平が仕事でハワイに赴くと、元子もロサンゼルスからハワイに急行。合流する頻度が増えていった。1分1秒でも早く、ふたりの距離を元子は縮めたかった。

別れの時。正平は東京へ、元子はロサンゼルスへ。それこそ身が引き裂かれそうで辛さは倍増したが、衝動は抑えようがなかった。

ハワイでの滞在が増えることで、元子にも当地での友人が増えていった。やがて正平が日本に戻っても、元子はそのままハワイに残るようになった。

「もし、ハワイで暮らしたいのなら、そうしてもいいいんだよ。俺もロサンゼルスに行くよりは飛行機の便が便利だし」

正平の提案に元子は飛びついた。日本との距離がちょっとでも縮まったことが、何よりうれしかった。早速ロサンゼルスのアパートを引き払い、名ばかりの就職で世話になった旅行会社にも話を通し、元子は新たにホノルルのマンションを借りた。

6月6日。マンションの電話が鳴った。日本の正平からだった。その声は新生活を潤してくれたが、やっぱりお手紙のほうがいいわと、元子は便箋をテーブルに置いた。

又々お電話どうも有難度う。あまりよくお電話が来るのでなんだかハワイに居る様に思いません。（……）

又明後日位にお手紙来ますネ（日曜日だからダメね）。ヤット8通目が来るので楽しみです。私の様に毎日書かないと寝られない様だといいのに、正平はすぐお電話だから……

もうお電話いいですからしないでね。

お手紙来るし淋しくないから。しんぼうします。

しんぼうします。正平の心に引っかかる7文字だった。ハワイでの暮らしでさえも辛いのであれば、日本に帰ってくるべきではないのか。ケジメをつけることで元子も楽になれるのではないか。

正平は受話器を取った。交換手がホノルルへつないでくれている間に、考えを整理した。まもなく元子の声が聴こえてくると、言った。

「正式に結婚して、しっかり記者会見もやろう」

正平は11月という具体的な時期も提示した。

6月13日。それでも元子は結婚を明確にイメージできずにいた。

十一月までしんぼう出来るかしら？　今のところ三週間後帰れる？と思っているので淋しくてもしんぼう出来ますが……

正平さんも淋しい？　羽田に出かける前のお電話の正平さんの声を忘れられずに想い出しては泣いています。

六月も後半分チョットありますし今のところどうしていいかワカラナイ。でも三週間すると一度帰らせてね。

春から28日から一週間のお休みを楽しみにしていたのに、一人一人別々に過ごさないといけないなんてあまりにもヒドスギル。

今しんぼうすれば必ず結婚出来る様にして下さるのでしょう？

それから正平さん早くお手紙下さい。


この手紙には、便箋の一角に書かれた追伸があった。


正平大好き（……）

正平さん。どんなに強がり云っていても淋しいの。

どうしてこんなにたくさん涙があるのか不思議です。オヒルの間は忙しいので忘れているのですが、こうしてお手紙書いていると声を出して泣いています。

ただ今私が幸せだと思うのは正平がやさしいのと仕事が出来ると云う事です。


6月14日。元子の思いはこの日もあふれ出た。


この頃、帰って来るとショーヘイ、ショーヘイと云っています。そして悲しくなるとショーヘイに助けて下さいとお願いしますが、なかなかむつかしくきっとショーヘイは日本で気になっている事でしょう。

正平にお手紙書いていると悲しくなります。帰りたいの。今朝も朝起きると心臓がドキドキして苦しくなる位悲しかったの。だから正平にもう帰して下さいとお願いしました。

でも正平はよくってもまわりの人がダメと云われるので、それを考えると又ここで帰ると正平の迷惑になるのでガマンします。

今逢いたいの。でもこんな事をいつまでも云っているときっと正平を苦しめるばかりね。

正平がここに来る時に帰りたければ明日でも帰ってらっしゃい、誰もワカラナイ所に住わしてあげると云って下さったでしょう。そればかり今考えています。(……)

一度お電話してもいいですか？

せめて声だけでも……聞きたいの。今声を聞くとダメ。お話出来なくなるもの。

正平さん。こんなに悲しい思いをするならどんなに書かれても……日本に居て正平さんといつも一緒に居ればよかったと思います。（……）

正平さん。もう強がりはいいません。なんとか日本で住める様にして下さい。お願いします。このままいると病気になってしまいそう。悲しくって。思い出しては泣き思い出しては泣きで、寝る時間もないのです。（……）

正平さんも私がこんなだとよけいにつらいでしょうね。でも私はどこへも行く所がないので、正平さんだけが私の事を聞いて下さるので本当にヨカッタですが正平さん本当につらいでしょうね。

なんとか私日本に帰れないでしょうか。正平さんに逢えなくてもいい。お電話で話すだけでもいい。日本で生活したいの。（……）

今帰ると11月に結婚出来ないでしょうがそれでも帰りたいの。


6月22日。愛知県体育館でボボ・ブラジルに敗れインターナショナル王座から転落するその3日前、大一番が迫るなかで正平は手紙を書いた。

貴女がハワイでそんな遠い所に行ってまで苦労して居ると思うと、私はどうして良いのかわかりません。そんな苦労をするなら日本に帰って来てほしい。

元子ちゃんがのんびり出来るならハワイもいいけどそれが出来ないなら帰っておいで。

お金の事など決っして決っして心配してはいけません。私は貴女のためならどんな事でもする。これからでも一生懸命頑張るから貴女は今は何にも考えずに居て下さい。(……)

元子ちゃんほんとに逢いたくてたまりません。何にもいらない。帰って来てほしい。(……)

どうか早く早く早く早く早く帰って来て下さい。


ふたりの思いは元子の早期帰国で一致していたが、その環境が整わなかった。〈まわりの人がダメ〉という状況で、ならば〈誰もワカラナイ所に住わしてあげる〉と正平が言わざるを得ないほどに、出口は見えなくなっていた。

6月25日。ブラジルとの決戦当日。正平は同20日に自身がプロモートした甲府大会の成功と元子への励ましを綴った手紙を投函したのちに、会場へと向かった。

甲府も上手くいったよ。だから安心して帰って来て下さい。お金の事は何も心配しないで何時でも帰って来て下さい。（……）

新しい車が来たよ。大きいけどほんとにかっこいい。早くモーちゃんが帰って来て乗ろうね。（……）日本もそろそろ夏が来そうだ。車が新しいから、早く帰って来て、どこかに二人だけで行こうよ。（……）

ほんとに、ほんとに、帰って来て下さい。（……）一生懸命考えて大丈夫の様にするから帰って来い。


元子も6月25日。新車に未来の希望を託す手紙を書いた。ふたりの思いが太平洋上で交差する。


早くいい車に乗ってどこかに二人だけで行きたいです。

11月帰る時は記者会ケンの後二人でどこかへ行ってしまいましょうか？　ウルサイと嫌だから……

11月の事も考えておいて下さいね。


元子が日本を離れて約9カ月。正平は明石の悌と定期的に連絡を取っていた。夏子の近況を尋ね、元子には7月4日の手紙で知らせた。

お母さんは貴女がアルバイトにジュースを売って居ると云う事を心配して居らっしゃるとの事です。それでお父さんを8月にハワイにやると云ってたらしいです。それから一人でハワイに居る事は大変な事でしょうから貴女に帰って来いとの事です。その前にお家にハワイから手紙を一本出して。明日にでも帰っても良いとの事でした。(……)
私達は心配するのはお母さんと元子ちゃんがどうかと心配しますが、とにかく早く帰って来て下さい。

7月10日。6月27日の蔵前大会でインターナショナル王座に返り咲き、7月5日には新シリーズがスタートするなかで、正平は相変わらず電話に頼っている自分を詫びた。

私は一人でアパートに居るとモーロクと話をして居ます。でも返事がないのです。だから電話をかけてしまう。(……)
貴女がハワイで淋しくして居るのに。それに毎日お手紙が来るのに……

私は少なくてごめんなさい。今日はつくづく自分が悲しくなりました。もっともっと書けたらいいのに……と思うと、貴女がもっとたくさん書いて、と云われると私が不真面目みたいで……

この頃から正平は手紙の中で元子を「モーロク」と呼ぶようになった。子どもの頃からの愛称「モーちゃん」に由来することは言うまでもない。ふたりの親密な関係性が凝縮されている。

正平は話題に応じて呼び名を使い分けた。元子ちゃん、モト子ちゃん、モーちゃん、モーロク、貴女。そして、カーちゃん、カーチャン君。

元子を「カーちゃん」と呼ぶ時、正平の自称は「トーちゃん」となる。ふたりの間では夫婦としてのメンタリティーが成立していたことがうかがえる。

一方、元子の手紙に登場する正平の呼称はその大部分が「正平さん」。のちに「正平」へと変化していく。ごくまれに「ショーヘイ」が登場し、さらには正平からの呼びかけに応えて「トーちゃん君」と記すこともあった。

ただ、一歩表に出るとロサンゼルス空港で叫んだように「ショーへー」と呼んだ。ところが、とある知人が「天下の馬場さんを呼び捨てにするのはいかがなものか。聞き苦しいにも程がある」と漏らす声が元子の耳にも入ってきた。

堅苦しいことを言う人だなあ、と憤慨したが、日本では自分の考えが通用しそうにないことも分かった。

とはいえ「主人」というのも好きにはなれず、帰国後の元子は正平を「馬場さん」と呼ぶようになる。だが、それはまだ先の話である。

元子がロサンゼルスに渡った当初、正平が元子に送る手紙の宛名は「Miss Motoko Ito」だった。だが、ハワイに転居した1968年の途中から、正平は「Mrs. Motoko Baba」と書くようになった。

ちなみに1970年3月、正平の付け人である駒がメキシコから元子に手紙を送っているが、その宛先もまた「Mrs. Motoko Baba」。元子が「馬場夫人」であることはプロレス界で生きる者の常識となっていた。

さて、7月10日の「モーロク」あての手紙。途中から正平は「貴女」であり「モト子ちゃん」に対する謝罪とねぎらいの言葉を便箋に刻んだ。

長い間一人で、だれも居ないハワイでほんとに淋しい、つらい思いをさせてごめんなさい。大変だったでしょう。種々な苦労を貴女には何時もかけてすまない。（……）モト子ちゃん。もう帰って来るんだね。この手紙が最後になるでしょうが、どうか元気で心配しないで帰って来て下さい。ほんとにご苦労さんでした。（……）ありがとう。ありがとう。きっと何年か後に想い出として話しあえる日が来るでしょう。

11月の結婚発表に向けて、元子の帰国が決まった。実際、元子は8月から9月にかけて正平の自宅に身を寄せている。ところが、話し合いの末に導かれた結論は、入籍および発表の延期だった。

「やっぱり、明石のお母さんにも喜んでもらえる形の結婚にしなきゃダメだよね……」

正平の言葉に元子は頷いた。

ふたりを訪ねてくる人物がいた。正平の母・ミツである。元子は一度しっかりご挨拶をしなくては、と常々考えていた。

ミツは米や野菜、正平の好物である草団子などを詰め込んだカゴを風呂敷でくるみ、それを首に巻いて三条からやってきた。

元子は、鉛筆をナメながら眉を描いていくミツを見て、眉ペンシルをプレゼントした。ミツは「へえ、こんな便利なものが東京にはあるんだ」と喜んだ。

外反母趾《がいはんぼし》の足に合う草履がないんだよ、と正平にこぼすミツを見て、元子は幅広の草履をプレゼントした。ミツは「元子さんがわざわざ買ってきてくれたんだから、もったいなくて履けないよ」と再び箱に納めた草履を愛おしそうに抱き締めた。

元子はミツに言った。

「明石の両親の許しをもらうまで、もう少し時間が掛かるかもしれないですけど、必ずきちんと結婚しますから。お父様にもその旨、お伝えください」

ミツは元子に言った。

「それは、あなたたちのいいようにすればいいから。でも、元子さんがそう思ってくれているなら、よかった。本当によかったよ。正平をよろしくお願いします」

元子の沈んだ心をミツの笑顔が癒やしてくれた。

元子はハワイに戻った。前向きな結婚延期と受け止めた。正平もすでに気持ちの整理をつけていた。

11月の初め、正平から届いた手紙にはほのぼのとした出来事が書いてあった。


一本目はセンター前にヒット。二本目はレフト線すれすれの大大大ホームランを打ちました。今迄にこんないい当たりは見た事もない様ないいホームランでした。それも3ランホーマーですよ。へへへ……

あとは4ボールでつまらなかった。やはりみんなびっくりして居ましたよ。どんなもんだい。へへへ……


10月30日、静岡・浜松大会の試合前。体育館脇のグラウンドで興じた草野球の結果だった。読売巨人軍をクビになって約9年。野球の腕前はレスラー間ではやはり群を抜いていた。

この5日後。11月4日の興行開催地は新潟・直江津だった。正平は会場入りに先立ち、三条の実家に立ち寄った。

正平は病床にある父・一雄を見舞った。もう長くはないだろう、とは感じていたが、これが永遠の別れになるとは思ってもみなかった。

「また来るから、元気でね。じゃあ、行くよ」

一雄にそう言って正平は直江津へと急いだ。そして、8日の後楽園大会を終えると、翌9日には元子が待つハワイへと飛んだ。

一雄が天に旅立ったのは11月15日のことだった。

「日本に帰らなくていいの？」

元子の言葉に、正平は自分自身に言い聞かせるように答えた。

「おやじとは、あの時、最後の別れをしたから、いいんだよ」

それは精一杯の強がりだった。正平は目を閉じ、たった11日前の光景を必死に思い出した。

じゃあ、行くよ。その言葉に、78歳の父は澄んだ瞳で正平をじっと見つめた。今にして思えば、これでもうお別れだよ、と父は言いたかったのだろう。正平はそんな風に考えた。

「ねえ。お父さんのために海にレイを流しましょうよ」

ふたりはアラモアナのビーチに立って、寄せては返す波にレイを浮かべた。レイは名残惜しそうに何度も何度も行ったり来たりを繰り返しながら、浮かんでは消え、浮かんでは消え、やがて小さくなっていった。

1969年。ふたりの結婚話はアラモアナビーチの波のように寄せては返し、レイのように浮かんでは消える。そんな一年となった。

一度は3月に向けて、もう一度は10月から11月に向けて、元子も時には帰国してあと一歩のところ

元子との愛を深めていった正平（中央）。だが、父・一雄（左）と母・ミツ（右）に正式な結婚報告をすることはできなかった

まで話がまとまりかけたが、結局成就しなかった。
たとえば2月3日。元子は夏の新婚旅行に思いを馳せた。

4月～7月初めまで正平はお仕事だから頼れないものね。でもこれで結婚出来るならしんぼうします。7月8月はお仕事しないでね。8月休暇を取って下さい。ケケケ……

ところが2月12日。元子は福岡に住む姉・賀壽子の家近くのポストに落胆の手紙を投函した。

3月、結婚式出来ると思っていたらダメになったので少しガッカリ

埋め合わせを兼ねていたのだろう、3月のオフに正平はハワイへ。10日間のバカンスを終え同31日に正平が羽田行きの便に乗り込むと、元子はこう書いた。

正平さん。今8時5分位前です。まだ飛行機の中ですね。今淋しくて淋しくていくら泣いても泣いても涙はなくなりません。本当に淋しいです。
正平の所に行きたい。東京に行きたい。飛行機が行ってしまうと一人ですもの。あまりにも10日間が楽しすぎたので、その後がいつもコワイの。

手紙のラスト。元子は口紅のついた唇を、ゆっくりと便箋に触れさせる。それはある時期からのルーティンだった。
1週間後。正平からの返信が届いた。今回は素早い対応。飾り気のないド直球をど真ん中に投げ込んだ。文末には無限大マークをも添えた。

日本に居て逢えなくともそんなに淋しくないですがやはりハワイだと淋しくてたまりません。早く帰って来て下さい。(……)
大好　大好　大好　大好
大好　大好　大好　大好　∞

8月4日。通算3度目となる結婚計画は、過去2度よりもさらに具体的な話が進んだ。元子は夏の帰国を断念する旨を伝えた。

私は11月までなるべくならハワイに居たいのですが。（……）イロイロ一人で考えたのですが、今又お家に帰ると安心し、喜ばす事になりますし、今まで2ヶ月以上アメリカに居た事もありませんので少しはアキラメるかもわかりません。11月の事（結婚）を考えるとなるべくなら今からソットしておきたいので、出来るだけ無理でもこちらに居る事にしました。絶対にボーイフレンドが出来たわけじゃないし、好きな人が出来たのじゃないのです。正平と私と私の家族の事を考え11月までと云う事にしたのです。

つまりは、伊藤家に無用な刺激を与えないための避難措置。その陰で9月25日の手紙では、結婚式当日の衣装にまで話が及んだ。過去2度に比べれば圧倒的な進展ぶりだった。

次の時は結婚式ですからオトナシクカシコクしております。今日もドレスの事をお話していたのですが、上等のムウムウにしてもいいですか。正平チャンの返事をまっています。ハワイだからハワイらしくキレイなムウムウにしたいのです。
でも正平チャンが白いお洋服の方がいいなら日本から持って来て下さいますか？

10月4日。正平のリアクション。

カーちゃん
ハワイの結婚式は白いムームーでもいいと思いますよ。また良く考えてお手紙下さい。

ところが、みたび暗礁に乗り上げる。17日の夜にはハワイから電話も掛かってきて、さすがにマズイと思ったか、10月18日投函の手紙で正平は平身低頭、床に額をこすりつけた。

モト子ちゃん
さっきは電話でお話出来て良かったけどちょっと淋しいです。
私の方がみんないけないのですが、貴女の予定や考えて居る事をみんなくずしてしまって、ほんとにごめんなさい。(……)

私も一生懸命やっては居るつもりなのですが、貴女の思う様に出来ずにほんとにすみません。遠い所で一人でどうなる事かと色々と考えて居る貴女の事が思われて、それが私がしっかりしないために貴女の予定が立たない事をほんとに申しわけないと思って居ます。(……)

今日の電話で貴女がほんとに困っている様子がわかります。私もぐずぐずして居る様ですが……ほんとに申しわけありません。

一生懸命なつもりでも貴女にしかられると、ほんとうにどうしていいかわかりません。電話の後一人で食事に行って、ほんとに3年位前の時のあの淋しかった時の様な淋しさをまた感じました。


ここまで書いたところで、どうやらまたハワイからの電話。話しこんで、書き足した。


電話が終わりました。カーちゃん、楽しかったね。トーちゃんは元気になりました。カーちゃんは頭がいいから、いい事考えたね。

11月に式をしておいた方が大変いい事だと思います。

元子が考えた〈いい事〉。中止ではなく、延期に向けての起死回生の一手。それに関する詳細な記述は、ない。唯一ハッキリしているのは、元子が編み出した秘策もまた結実しなかった、ということである。

10月23日消印。正平からの手紙。

モト子ちゃん
結婚式が出来なくなってしまってほんとに残念です。
モーロクちゃん。がっかりしないで毎日元気で居て下さい。

いや、これだけでは書き足りないと思ったのか、10月26日にも正平は投函した。

今度はどうにか式だけはやれると思って居たので、決心と云うものが出来て居たのがまた出来なくなって……
貴女が元気で居てくれたらそれで仕方がありませんから、しんぼうして居ます。貴女もきっと気ぬけがした様な気持でしょう。

今度はお父様の気持もわかったので、とにかく貴女のせきだけぬいて、そしてそれからは私達のいい時にする事にしましょう。

〈貴女のせきだけぬいて〉。それについては母・夏子も承諾したと、正平はなおもペンを走らせた。

お母さんは、貴女がハワイがほんとに気にいっているので、ハワイの子供になるのはその方がいいかも知れないと云う事は時々云って居られるとの事でした。

常々、正平は言っていた。
「伊藤家が許していない結婚同様の生活を、伊藤姓のままで続けることはやっぱり筋が通らないよなあ。もし、どこかのマスコミが俺たちのことを書いた時に、伊藤元子として記事に載ってしまったら、伊藤家に申し訳が立たないよ」
そこから生まれた養子縁組のプラン。元子はホノルルのムームーショップで共同経営していたことがある。その際のパートナーである河合秀子に相談してみたところ、元子はこう言われたという。
「名前だけの問題なら、私の母〔河合キミ〕の養女になればいいんじゃない？　それでうまく行くなら、私の家は構わないから」

当初、元子は「伊藤元子」でなくなることに抵抗を覚えた。しかし、それで正平の肩の荷が下りるのなら、すべてが丸く収まるのならと、手続きを進めることにした。

伊藤家には正平が説明した。それに対する反応が10月26日の手紙だった。正平はさらに〈大変な事がまた出来ました〉と余白を埋めていった。

> それはアメリカでスイータやすべての人工甘味料がみんな発売中止になるのでしょ。毎日新聞に出て居ました。だから今度ハワイに行ってもアイスクリームはだめですね。ガンのもとになるのですってさ。トーちゃんはまたガッカリです。

このギャップ。元子は笑ったか、それとも呆れたか。正平の真意を推し量れば、養子縁組は人生の一大事だけど自然体で明るく行こうよ。そのあたりの気配りではなかったか。

10月21日。一連の手紙に対する返答を元子は記した。

> 少しお電話がへんでしたが、お話出来てヨカッタです。でももう今日はガッカリです。朝

から正平じゃないですが、ホットしたのとガッカリしたのが一緒になり変な気持です。先日より度々チャーチに行ったりしていたのでなんだかよけいにガッカリしました。

でもここ二・三ヵ月を急ぎ取りかえしのつかない事になっては本当に大変ですし、もうこまでシンボウしたのですもの30才になってもシカタがないから春にしましょう。(……)

養女の件は正平は、日本での手続きをしらべて来て下さい。11月に帰るかどうか今のところワカリマセン。正平と相談してからにします。

5日を楽しみにまっています。今日心配していたのは式がなくなったので来れなくなるかとそれだけ心配していました。(……)

11月11日こそはと思い7月からシンボウしてハワイに居りましたのに……来年出来れば2月か3月の初めにハワイに来れるといいですネ。

ワールドの前だとイロイロと忙しいので発表してもそんなにウルサクないかもワカリマセンね。でも30才になってしまいます。(……)

あまりガッカリしないで下さいね。そのかわり、春は堂々と発表しましょうよネ。

ハワイの教会での挙式は11月11日の予定だった。通算3度目の結婚計画の背景には、元子の30歳の誕生日である1970年1月2日よりも前に、との共通認識がふたりにはあった。しかし、それはもう難しい。ならば1970年の春、『ワールド・リーグ戦』開幕の前あたりに堂々と——。

この1969年。日本プロレスのテレビ中継に関して大きな動きがあった。それがNETテレビ（現・テレビ朝日）による実況中継の開始。日本テレビの金曜8時枠に加えて、NETの水曜夜9時枠が7月2日にスタートし、日本プロレスは2局体制となった。正平は4月の段階でこの件を元子に伝え、5月1日消印の手紙には次のように記している。

> 前の手紙にスケジュールを書きましたが、もう一つTVの方をやる様になると、またふえる様になるでしょうが、まだどうなるかわかりません。三ビシも日本テレビも会社も必死になって居る様です。

さらに1週間後。5月8日消印の手紙。

> 我々も10チャンネルの方をやる事にしました。でも、私と坂口は出ない事にしました。その方が私には良いと思います。一週間に2回もTVに出るとやはり2倍早くあきられてしまうでしょう。だからまた夏のスケジュールは変るかも知れません。

坂口とは、1967年2月に日本プロレスに入った柔道の元全日本王者・坂口征二。入団直後には正平とともにハワイに渡りトレーニングを積んだ。元子は「姉貴分」として坂口の面倒を見た。

ジャイアント馬場と坂口征二の試合、さらに『ワールド・リーグ戦』などのビッグマッチをNETには放送させないことを条件に、日本テレビはNETの参入を認めた。のちにこの契約が反故にされることを、正平はまだ知らない。

ゆえに、ビジネスの核心を元子に報告した5月8日の手紙も一転、最後にはデレた。

> 逢いたくて逢いたくてたまりません。でも、帰って来てトーちゃんが忙しいのでカーちゃんのキゲンが悪いと淋しいし悲しくなります。どうかしからないで下さいね。

だが、正平は叱られてしまう。理由は例によって手紙を書かないこと。いやいや、年内の結婚式実現に向けて正平も奮闘していたじゃないか。不憫である。しかししかし、元子にとってはわずかな空白、若干の停滞も我慢ならない。11月22日の便りはキツい言葉に満ちていた。

正平はウソツキでキライです。お手紙すぐ書きますと云って一通ですものネ。それなら喜ばす様な事書かないで下さい。

すぐと書いてあるのでまっていても来ないし、帰る時もお手紙にもあれだけ早く書いてと云ってもナカナカ来ないしヤット一通来ただけですもの。もう正平とは約束しません。約束ヤブル人大嫌いです。

今、お家からはオコッテいるので（私達の事で）誰れからもお手紙来ません。だから私に来るのは正平だけなのにその正平までが忙しいから……と云って下さらないのでもう私はオコッテ、書かないつもりでしたが……


元子にしてみれば「そんなことは理由になりません」なのだが、1969年のジャイアント馬場もまた日本プロレスのエースとして日々の闘いに忙殺されていた。

象徴的だったのが8月のタイトルマッチ4連戦である。まず10日の東京・田園コロシアム大会ではザ・ブッチャー（ドン・ジャーデン）を破りインターナショナル王座の防衛に成功。翌11日には北海道に飛び、札幌中島スポーツセンターでインター・タッグ王座の防衛戦。だが、ここではディック・ザ・ブルーザー＆クラッシャー・リソワスキー組に敗れてしまう。

12日には前日に続いての札幌大会で今度はインター王座の防衛戦。正平はブルーザーを下しベルトを守ると、翌13日には大阪府立体育館でインター・タッグ王座のリターンマッチをおこない、タイトル奪回に成功している。

正平自身、ここまで濃密な4日間は後にも先にもこの時だけ。しかし、当時はしんどいとも思わず、31歳のジャイアント馬場にとってはリングに上がること、それ自体が楽しく面白くてたまらない、そんな時期だった。

9月13日にはインター王者として初めてアメリカ・ロサンゼルスに乗り込み、ザ・シークを相手に防衛戦。12月19日にも同地でフリッツ・フォン・エリックの挑戦を退けた正平は、その約2週間前にも日本で大一番に臨んでいる。

12月3日、東京体育館。正平はドリー・ファンク・ジュニアが保持するNWA世界ヘビー級王座に挑戦した。結果は1本ずつ取り合ったあとの3本目が時間切れとなり、正平のタイトル奪取とはならなかった。ちなみに1本目、正平のフィニッシュホールドとなったのがランニング・ネックブリーカードロップ。これが初公開だった。

この前日、2日の大阪府立体育館大会で王者・ドリーはアントニオ猪木の挑戦を受けている。結果は三本勝負の1本目をどちらも取ることができず、60分フルタイムドローとなった。

BI砲による連夜の挑戦。当然、試合内容は比較されることになる。それでも両雄を並び立たせるべきと日本プロレスの首脳陣は考えた。この時点の社長は正平のアメリカ武者修行にも同行した芳の里。力道山の後継者となった豊登は、不透明な公金流用が発覚したことで1966年1月に社長の座を追われていた。

その後、豊登は新団体の東京プロレスを旗揚げすることになるのだが、目玉選手として日本プロレ

日本プロレス時代、インターナショナル王者として数々の強豪レスラーを撃破した正平。「三十二文人間ロケット砲」が日本全国のファンを魅了した

スから引き抜いたのが猪木だった。

１９６６年3月に猪木は日本プロレスを退団。だが、同年10月に旗揚げした東京プロレスはわずか3カ月あまりの活動をもって崩壊し、猪木は１９６７年4月に日本プロレスへの復帰を果たした。そして、5月12日・岐阜市民センター大会でのＢＩ砲誕生へとドラマはつながっていく。

正平からすれば「弟分」のカムバック。猪木に対するライバル心などまるでなかった。１９６９年の『ワールド・リーグ戦』で猪木が初優勝を飾り自身の4連覇が阻止される形になっても、正平は「これで役割分担ができる」と安堵が対抗心を覆い隠した。

日本プロレスのエースであるジャイアント馬場。一方、日本テレビの電波に乗りつつＮＥＴテレビによる日本プロレス中継の大黒柱となったアントニオ猪木。１９７０年の夏にも両者は再び比較という名の土俵に乗せられた。

共通の対戦相手はここでもドリー・ファンク・ジュニアだった。まずは7月30日、大阪府立体育館で正平が自身のインター王座を懸ける形で対戦。1対1からの3本目は両者リングアウトとなり、正平がタイトル防衛に成功した。

そして3日後の8月2日には福岡スポーツセンターで猪木がドリーのＮＷＡ王座に挑戦する形で対戦。1対1からの3本目は時間切れ引き分けとなり、猪木のタイトル奪取はならなかった。

大阪大会の夜。ホテルに戻った正平は元子に手紙を書いた。

カーちゃん
今日大阪での試合がやっと終りました。ものすごいあつさで試合が終ったら2人ともものびてしまいました。
こんなになった試合は初めてです。クツが熱くなってたまらないし体も熱くなってたまらないのです。TVのライトで室内は42度もあるんです。ジム・ヘイディがハワイで死んだのを想い出してゾットしました。もうこんな時に1時間の試合は会社もやらない様にするでしょう。前の試合で15分で坂口はのびてしまいましたよ。(……)
とにかくもう一人の試合はありませんのでほっとしました。もうすぐ行きますから待って居て下さい。
カーちゃん君が恋しくて恋しくてたまりません。カーちゃん君元気で居て下さいよ。トーちゃんは毎日カーちゃん君と一人言で話をして居ます。ほんとに早くカーちゃんの所に行きたいです。
ではおやすみなさい。
やさしい　かわいい
カーちゃん君
トーちゃん

手紙にもあるように、この日のドリー戦は「灼熱地獄」の死闘として語り草になっている。トータルの試合時間は52分35秒。3本目の途中でリング下に転落した時には意識もうろうとなり、正平が心の中で思わず「お母さ～ん！　何とかしてくれよ！」と叫んだとの逸話はよく知られている。

ただ、その試合後に「カーちゃん」あての手紙を書いていたことは知られていない。激戦を終えた安堵がペンを握らせたのだろう。

この1970年。ふたりの結婚話に大きな進展はなく、その一方で将来に向けての生活設計は着実に進んでいった。8月8日、正平は故郷・三条での土地購入プランを手紙に記した。

> 今日は新潟県にしては雲一つないめずらしい天気で気持ちが良かったです。
> そうしたら、こんな事を考えました。カーちゃんが、トーちゃんが東京に居ない時、三条に来てこの家の近くに土地を買って家を作ってあれば、来て居ればいいなぁーなんて考えてました。
> 200坪位の土地に30坪位の家を作って、トーちゃんの居ない時は東京か真鶴か三条に居れる様だといいと思ってました。カーちゃんが三条に来たら面白いかもね。へへへ……（……）レスリング、日本をやめてもアメリカに行って出来るから、日本でもうかる仕事を一つやれたらと思います。そんな店も一つ作ってハワイにラナイ〔ハワイ独特の家：筆者注〕を買って日本ではマンションを一つ買って真鶴にあの家をなおして三条に大きな土地に小さな家を作

る。これだけしたいと思って居ます。

カーちゃん、淋しくなったら何時でも帰っておいでね。トーちゃんも淋しいですから……。

カーちゃんが一人で泣いて居ると思うと、トーちゃんも泣きたくなります。だから元気を出してムームーもたくさん買って早く帰って来て下さい。


また、当時元子が住んでいたハワイのマンション、311号室を売却し、同じ建物の上階である3004号室を購入したのもこの年だった。7月の時点で正平の手紙には「311が売れたら上の方を買いたい」とあり、元子は2カ月後に転居している。9月3日、元子は「3004」での生活に夢を馳せた。


3004で絵を画くと気持ちいいでしょうね。3004になると絵具等買ってあげます。311だと絶対に画けないのわかっていますから買ってあげませんでしたが、12月ロスで絵やさんに行きましょう。(……)

トーちゃん君もオシャレしているのでカーちゃん君もオシャレして帰り一緒に出かけたいです。

9月23日には、待望の新居での生活がスタート。その住み心地の良さに満足した元子が思い描くのは、もちろん正平との暮らしだ。

今日から3004ですが、これがまた凄く住み心地がいいのです。朝は朝日がさしこみ午前中ラナイは日光浴出来おひるは風がつめたくこれ又気持ちよく夕方は夕日は見えませんが海の色が変りポツポツ電気がつき夜は大きなクリスマスツリーを見ている様です。（……）正平に早く住ませてあげたいです。ただただすばらしい景色と空気がいいので毎日楽しみです。

同時期に正平は元子の帰国を心待ちにしながら、新居のことも気にかけた手紙を送っている。なお、文面に登場する軍治とは全日本プロレスのリングアナウンサーとしても知られる原軍治である。

カーちゃんに一日も早く帰って来てもらいたいです。でも25日から試合があります。それにお昼に千葉にサイン会があるのでむかえに行けないのです。（……）もしカーちゃんの方で3004の部屋に住む時間が少ないのなら26日でも仕方がないですが。カーちゃんが一日も早く帰って来る方がいいですが、25日は前から約束してあったのでやめるわけにいかないのです。ごめんなさい。せっかくカーちゃんが帰って来るのですからトーちゃんがむかえに行きたいです。24日に出来るかカーちゃん考えて下さい。26日でも仕方がないです。トーちゃんは一日待ちます。25日だと車がないですので軍治をむかえにやってもいいですが……トーちゃんが迎えに行きたいのです。
カーちゃん君。トーちゃんは今311の部屋のラビット島の絵を写真を見てかいて居ます。ちょっと上手くいきそうです。へへへ……
カーちゃんが帰って来る前に少しでも3004に住めて良かったですね。カーちゃんは様々大変でしょうけど……

元子は「3004」で絵を描く正平の姿を思い浮かべていたが、同じ頃、正平は実際に絵を描いていたことになる。

トーちゃんは今、毎日絵をかいて居ます。そうすると一人でのんびり出来るし、さびしさもちっと淋しくなって、カーちゃんの居ない時は他の事を考えないでカーちゃんの事を考え絵をかいて居ると、淋しいけど楽しいです。でも、あまりむづかしいのに手をつけてちっとも上手くいきません。2つかいて居るんだけど2つとも上手くいきません。1つがいやになると他のをやり、それがいやになると、また初めのをやったりです。だから楽しいです。ハワイでものんびりしたらかきたいと思います。

絵を描くという行為。それは正平にとって安らぎそのものだった。そして元子はキャンバスに向かって集中する正平の姿を見るのが好きだった。311号室からは望むことができなかったアラモアナビーチも雄大に見晴らせる。正平は「38歳で引退し、その後はハワイでのんびり暮らす」という未来図を心に描き始めていた。その拠点がオーシャンビューの「3004」。この時点で正平は32歳。残りの現役生活は5~6年と見積もっていたことになる。

だが、運命は正平に「のんびり」を許さない。

1971年。激動の日々を象徴する手紙が元子から届く。1月11日の手紙である。

正平、今どこにいるの？
朝の6時までお電話来るのイスに座ってジートまっていました。6時はまだ外はマックラです。

今までにこんな事は初めてですネ。行き場所も云へない、一緒に居る人も云へない。タシカニ、私の聞き方がキツカッタかもわかりません。でも籍の事は本当に誰にも知られたくないプライベートな事を正平が話すのでイライラしたのです。

今までグリーンのイスに座ってボンヤリしていました。ネボスケの私が寝ないで正平の一言一言を思い出すと悲しくセッカク毎日元気になっていましたのに今までシンボウしていた涙が全部出て来ます。

6時になったのでシンボウ出来ずにアパートにお電話しました。まだ帰ってないとの事で朝の6時に帰るって事ですが、どうしたのですか？

私に一言どうしてそれを云ってくれないのですか？　あれ程聞いても今日は場所・人については一言も云ってくれませんでしたね。（……）

今までにない正平の返事とこんなに毎日一生懸命しているのにと思うと本当に悲しいです。

ここ何時間かは、誰れの事も信じられなくなりました。

今までは正平だけは信じていましたのに……

正平が今までどんな遊びをしていてもチャント話してくれましたし、こんな事初めてなので凄いショックです。

後で聞くと何でもない事かもわかりません。でも、今は私達日本とハワイです。毎日スケジュールを見てくらしているのを忘れないで下さい。（……）

今、淋しいです。悲しいです。苦しいです。もう涙がナクナッテしまいました。でも時々出ます。

今、正平は何をしているのですか？　どうしてお家に帰って来ないのですか？

早くお電話下さい。セッカク、今まで楽しい事を思い出し12月からケンカもしなかったのに。今まで私は（12月から）一生懸命正平の為にしたつもりです。でも昨晩の正平の気持どうしてもワカリマセン。

必ずお手紙下さい。今、お電話まっています。


1月14日、元子と河合キミの養子縁組が成立している。つまり、結婚に向けての大きな前進。しかし、どうやら正平はひそやかに話を進めたかった元子の意に反する行動を取ってしまい、逆鱗に触れた。第三者が電話口のそばにいたということか。

まもなく元子の父・悌がハワイに来ることになった。だが、2月3日の手紙では、一連の手配を担うはずの正平からなかなか連絡が来ないことに対して、元子の怒りが爆発した。締めくくりの文面には、あちらこちらに強調の赤線が引かれていた。


何しろここのところは早くお手紙下さい。

正平が云った事の返事をいつも書いてくれないので本当にイライラします。

お手紙は早くて一週間（返事が来るの）かかるのですよ。一週間はまっていますが後はいつもイライラします。

正平の悪いクセでチットモ私の問に答えてくれないので困ります。

これから赤線をひいている所は必ず返事を下さい。何しろ、急な事ですのでイロイロとよろしくお願いします。

さらに……。

では又すぐにお手紙します。

正平も早く返事をカケ！

手紙のラストは「では又一泳ぎして寝ます。グッナイ。正平さん」と穏やかに締めくくられているが、枠で囲まれた「カケ！」は強烈だ。

4月。元子が一時帰国。すると大胆な行動に打って出る。長文の手紙ではあるが、冒頭の挨拶以外のほぼ全文を紹介する。4月21日に書かれたものだ。

正平、私ね、4月に帰りイロイロと正平の事をしらべ研究しました。

毎日毎日書かれてる事、云われてる事TV等を私なりにしらべました。

外でゴタゴタと意見を云ってくれる人も居りましたが、何しろこのままでは正平の為になるどころかマイナスになります。何とかこの辺で考え直すか何とかしなくてはと一人で考えていますと3～4日朝になってやっと安心して寝るしまつ。これでとうとう私もノビテしまいました。

一人でどうしていいものやらわからず大変にデシャバッテしまったのですが今日、とうとう社長にTELをし会社の考えと云うより、社長の考えを聞かせてほしいとお願いして2時間2人だけでニュージャパンで話しをしました。正平にとってはデシャバルナと云いたいところでしょうが今回は本当に私も心配になってしまったのです。

正平の仕事の面で心配と云うのじゃなく今ハッキリ云って少し人気も下り気味です。これはウスウス正平にもわかっていると思います。(……)

何しろこのままでは正平も少しツライと云うよりこのリーグで勝ってもあまりモリアガラナイと思いますし人気をモリカエス必要もあると思います。

これには私達の事をキッチリするよりないと思います。

社長も自分の居るかぎり馬場の事は心配いりませんと云って下さったので今は社長の言葉を信じ後は正平を盛り上げるには……やはり私達の事をハッキリさせましょう。

ワールド優勝、力道山より１ツ勝ちが多いのですか？　シイナさんのシュー任等を合せ私達の事を発表すれば盛上がりもあるし大変に自然なのじゃないかと云う事です。

これは社長が笑いながら云い出されたのですが私もその前にこれより他に正平の為になる様な事ないと思っていましたので一応考えておくと返事をしました。

5月20日がすめば一日シイナさんとの顔合せ？が一晩あり一日ゴルフだそうです。そして一日私達の為にパーティーをして下さるそうです。この意見は正平どう思いますか？　これ以上のばしても（……）正平の為になりません。

私は今まで正平の為にならなかった事をここで反対に正平の為にしてあげたいのです。今まで私の事が正平には大きなガンだったのです。でもこのガンが正平の為にこんどはいい方になるなら……と思います。

正平の性格が少し引っ込みがちですが、今からのスターはこれじゃダメです。自分をある程度売るって事をしなくては……。これには私の協力がなくては正平一人では出来ないと思います。正平には家庭と云う物がないのですもの。

何しろ今日ナイショで社長と話し合った事はゴメンナサイ。社長によろしく必ず伝えておいて下さい。

私は正平の事大好きです。だから今の正平を見ているとカワイソウなのです。協力をして誰にも何も云わせない様にしましょう。社長も馬場君が発表してくれると彼の為にもなるし会社の為にもなるって事を云われていました。

一本化するって事でしょうね。なにしろナイショで逢ったのは悪るかったですが、このままでいると夜は心配で寝むれず気持がキューとなってしまいそうだったので……

正平の為になったかどうかわかりません。でも私は社長を信じ正平の為になりたいのです。私のこの気持だけはわかって下さい。お家の事もこれ又心配です。でも正平の一生を思うとやはり正平の為になる方を取りたいです。正平もここでもう一度よく考えて下さい。

5月のお休みがないと8月でもって事でしたが一番いいのはワールドに勝った時でしょうね。私の敗けずギライな気持は知っているでしょう? どうしても私は正平の為になんとかしたいのです。

正平はさほど今の立場って物に気がついていないかもわかりません。でも今書かれている事はヒドスギます。だからツノが3本ハエテ来ました。どうしてもここで正平の事を書いた人達を見かえしてやりたいのです。それでもまだ悪るく書くなら仕方ないです。でも私はやるだけの事はやってみて……と思います。

正平、正平もこれから気をつけて一人の人にでも多くサインをしてあげて下さい。これは大変に小さな事ですが、又大変に大きな事です。一人一人が(ファン)正平の事を応援してくれるとこれ又大きな力になります。だからこれからは小さな紙切れを持って来ても出来るだけ嫌な顔をしないでサインをしてあげて下さい。この心がけがないと本当にダメです。

小さなファンを大切にして下さい。ファンがあっての正平なのですから。これだけはくれぐれも今後気をつけて下さいね。

では以上の事返事を（考えて）ママに渡して下さいね。

社長に逢った事はナイショにしておこうと思ったのですが結果こう云う事になってしまいましたので……

ダマッテ勝手にあったのはイケナカッタですが今回だけはカンベンして下さいね。心配で心配で寝むれなかったの。

今日から安心して寝むれますが、又違う心配が出来ましたが……これは私の力でなんとでもなる事ですから……

では以上よろしくお願いします。社長に逢われましたら勝手な事を云って失礼しましたと云っていたとだけ伝へて下さい。（……）

では明日のお電話楽しみにしています。くれぐれも身体気をつけて毎日練習はして下さい。それからサインもこれからはお願いします。

では又　後一週間ですネ。

又ね。おやすみなさい。

元子

正平さん
4月21日
・この手紙は必ずポッケの中かカバンのジッパーのしまる所に入れておいて下さい

元子は日本プロレスの社長・芳の里と面談していた。テーマは正平の人気低迷について。文面に名前こそ登場しないが、元子がアントニオ猪木を意識していたことは間違いない。

3月26日、猪木はロサンゼルスでUNヘビー級王座を獲得。帰国直後の29日には女優・倍賞美津子との婚約を発表した。自ずと世間の視線は猪木に集中する。

文面から推察すると、元子は芳の里に今後の運営方針を尋ねた。〈一本化〉との記述もあるが、馬場が保持するインターナショナル王座とUN王者の統一戦も芳の里の視野にあったということか。

元子はふたりの関係の公表を正平に迫っている。そこには婚約を発表した猪木への対抗心とともに、日本プロレスのエースたるもの、いつまでも独身のままではいられない、重厚感を持たせるべきとの元子の考えがうかがえる。

さらには、人気低迷の打開策として子どもたちへのサインの徹底を促している。のちの正平の姿からは想像できないが、当時は近寄りがたい空気をまとっていた。なお、文面に登場するシイナとは日本プロレスの第3代コミッショナーの椎名悦三郎を指す。

元子の大胆なアクションも、しかし猪木に傾いた流れを変えるまでには至らない。5月19日、大阪府立体育館で最終戦を迎えたこの年の『ワールド・リーグ戦』では正平が優勝を飾ったものの、試合後に猪木が正平のインター王座への挑戦を表明。話題をかっさらっていった。

結局、この時点での「BI対決」は時期尚早として椎名コミッショナーの「預かり案件」となった。

正平は元子との結婚発表のタイミングを計っていた。そのさなか、悲報がもたらされる。

7月18日。正平は日本テレビ系列のバラエティー番組『日曜日だヨ★ドリフターズ!!』にゲスト出演するとことになった。その出番前、東京の府中市民会館にいた正平のもとに母・ミツが危篤であるとの知らせが届いた。

正平はテレビ局サイドに「帰してくれ」と申し出た。だが「番組に穴があいてしまう。頼むから出演してください」と逆に懇願され、正平はミツの最期に立ち会うことができなかった。この時の思いを自伝に次のように綴っている。

私は父も母も、とうとう死に目に会えなかったが、生きている間は、私なりに精いっぱい大事にしたつもりだ。若い選手たちにも常々、

「年をとれば死ぬのは仕方ない。親は生きているうちに孝行しておけ」

と言っている。それこそ、墓に布団を着せても親は喜ばないと思うからだ。子とすれば、両親にはもっと長生きして欲しかったが、父も母も、日本マット界のエースとなった私を見て、安心してくれていたと思う。

(『王道十六文　完全版』より)

ミツの死から約2カ月。9月16日、馬場正平と河合元子はハワイのカハラ・ヒルトンホテルで結婚式を挙げた。永遠の愛を誓うふたりを立会人として見届けたのは、河合秀子とその夫のハンナの2名のみ。伊藤家の人間の姿はそこにはなかった。

正平は式に先立ち明石の伊藤家をたびたび訪問している。ついには河合秀子にも助太刀を頼み、伊

藤家に祝福される形での式の挙行と結婚の公表、さらには披露宴の開催を願い出た。元子への手紙にはこう記した。

> 秀子さんに来てもらって明石に行って来ました。（……）2時間半位スマの方に私は待って居ました。その間神様にお祈りもしたのですが、やはり良い返事はもらえませんでした。（……）
> 今は日本の9月の22日に発表して10月2日にひろうをする予定にして居ますが、元子ちゃん、良く考えて下さい。貴女の考えが他にもっとあれば貴女の良い様にします。

ちなみにアントニオ猪木と倍賞美津子は11月2日、東京・新宿の京王プラザホテルで「1億円挙式」とも言われた豪華な結婚式を挙げることになる。10月2日の披露宴開催には「先手を打ちたい」との正平の思惑も見て取れる。元子が尻を叩いた効果だろうか。

だが、元子が河合姓となったことも結局、実を結ばなかった。伊藤家からの祝福も賛同も得られぬまま、ふたりの結婚のニュースがメディアを賑わすことはなかった。10月2日の披露宴計画も幻に終わった。

両親に花嫁姿を見せることはできなかったが、元子はとびきりの笑顔で結婚式当日を過ごした

１９７１年末。日本プロレスは混乱の様相を呈していく。猪木が「経理に不正がある」と睨んで行動を開始するも、性急過ぎる改革案が「クーデター」と判断され、12月13日に猪木は日本プロレスを除名されることとなった。

一世を風靡《ふうび》した「ＢＩ砲」は猪木除名の6日前、12月7日の札幌大会が最後の試合となった。ドリー&テリーのザ・ファンクスに敗れ、インター・タッグ王座を明け渡した。

迎えた１９７２年。「猪木除名」の余波が正平の運命を狂わせていく。

３月６日、当の猪木が新日本プロレスを旗揚げする一方で、実況中継の大黒柱を失ったＮＥＴテレビが日本プロレスに対して「ジャイアント馬場の試合をオンエアさせろ」と要求。番組打ち切りも示唆したことで、日本プロレスの幹部が当初の約束を反故にし、４月３日放送分から正平の試合がＮＥＴテレビの電波に乗ることになった。

この「事件」を端緒に正平は日本プロレスからの離脱を考え始める。また、こちらも約束を破られた形の日本テレビと番組スポンサーの三菱電機はともに態度を硬化させ、５月12日放送分をもって日本プロレスの中継を打ち切った。

その日本テレビのバックアップを受けて、正平は日本プロレスからの独立へと大きく舵を切ることになる。

７月29日。正平は役員を務める日本プロレスに対して辞表を提出、そののちに記者会見を開いた。

日本プロレスに辞表を提出し、独立計画を発表したのは、昭和47年7月29日だった。サマービ

ッグ・シリーズが開幕してすぐだったが、8月18日終了の同シリーズには、「ポスターに名がのっているので、最後まで責任を持って出場します。会社にもプロモーターの皆さんにも、迷惑はかけません。次のシリーズのポスターからは、私を外して下さい」と口頭で伝えて、早めに提出したわけだ。これもプロとして当然だと思う。シリーズ開幕戦当日に突然出場をボイコットし、他団体に走るなど、プロにあるまじき行為だ。

その日のうちにホテル・ニューオータニ（正しくは赤坂プリンスホテル：筆者注）で公表したのは、辞表を握りつぶされないためと、今後の行動をオープンにしたかったからで、まだ会社名も決めず、設立準備もしてはいなかった。

（『王道十六文　完全版』より）

日本プロレス最後の出場となったのは8月18日の『サマー・ビッグ・シリーズ』最終戦、宮城・石巻市中央広場特設リング大会。正平は大木金太郎と組み、ジート&ベポのザ・モンゴルズを相手に勝利を収めた。保持していたインターナショナル、およびインターナショナル・タッグ両王座を返上し、身辺を整理した正平は9月9日、再び東京・赤坂プリンスホテルで記者会見を開き、全日本プロレスの設立を発表した。

一連のニュースはスポーツ新聞や専門誌によって広く伝えられたが、この年、女性週刊誌に正平と元子にまつわるスクープ記事が掲載されたことを知る人は、おそらく今となっては少ない。

それは『週刊女性』の1972年5月6日号。「スクープ速報版」と銘打ったその記事の見出しは次の通りである。

〈ジャイアント馬場がついに結婚！　5月27日披露宴　なにしろ雲をつく巨人《ジャイアント》のお嫁さんのこと、難航をつづけた嫁捜しにもついに終止符。しかも相手は才色兼備、関西の大富豪令嬢〉

4ページにも及ぶその記事は、すでにふたりがハワイで結婚式を挙げていること、花嫁の名が「馬場もと子」であること、その花嫁は関西のさる実業家の娘でショートカットの美人であることなどを報じている。正平の戸籍まで調べられ〈まだ馬場もと子の記名は見当たらない〉との記述もある。そういうなんでもありの時代だった。

ここまで特定されてしまえば、花嫁の正体はいとも簡単に割れてしまったのだろう。伊藤家には突如として取材陣が押し寄せた。元子の母・夏子はカメラのフラッシュ攻勢に晒され、ノイローゼに陥った。父・悌や兄・宏は「実はこういうことになりました」と親戚筋への説明に追われた。

正平はメディアに対して頭を下げた。

「先方のお母さんを悲しませるようなことは、お願いだからやめてほしい」

正平は全日本プロレスの旗揚げにあたり、ロングガウンを新調した。さる人間国宝の刺繍による鳳凰がデザインされたそのガウンは、そもそもは元子の花嫁衣装として用意されたものだった。

「着る機会がなかったから、俺のガウンにしていいかな」

そして仕立て直した「鳳凰ガウン」を正平は旗揚げ当初から、ここ一番での試合でまとうようになった。

それはテレビ画面を通じて伊藤家に贈る、正平なりのケジメのメッセージだった。

「これからもずっと元子さんと一緒に歩んでいきます」と――。

第5章

全日本プロレスの父と母

1972年10月21日、土曜日。全日本プロレスの第一歩は東京・町田市体育館で刻まれた。正式には翌22日の東京・日大講堂大会が旗揚げシリーズの開幕戦であり、町田大会は「前夜祭」という位置づけだったが、日本テレビは21日の午後8時から生中継。ジャイアント馬場率いる新団体がついに動き出したことを多くの視聴者が認識した。

この時点でアントニオ猪木率いる新日本プロレスは旗揚げから7カ月あまりが経過していたが、いまだテレビの定期放送開始には至ってはいなかった。わずかに単発番組が10月と11月に計2度、東京12チャンネル（現・テレビ東京）でオンエアされたものの、テレビ局から安定的な放映権料を得られないことで、新日本の累積赤字は旗揚げ半年の段階で早くも約1億円に達したという。

裏を返せば、全日本プロレスにとっても日本テレビとの結びつきこそが命綱だということ。正平がそれまでに築いた人脈と資金面のバックアップを背景に、町田大会のリングには元WWWF世界ヘビー級王者のブルーノ・サンマルチノはじめ、テリー・ファンク、フレッド・ブラッシーといった日本のファンにもなじみのあるビッグネームが登場した。

豪華な外国人レスラーを次々に招へいし、その男たちを団体のトップであるジャイアント馬場が迎え撃つ。リング上の現象にのみ焦点を絞れば、正平の「仕事」は日本プロレス時代のそれと変わらなかった。

10月22日のサンマルチノ戦を皮切りに、正平はテリー・ファンクやアブドーラ・ザ・ブッチャー、ザ・デストロイヤー、ボボ・ブラジルらを相手に力道山ゆかりのチャンピオンベルトの争奪戦を展開。その末に獲得した「世界王座」はのちにPWF世界ヘビー級王座と改称され、正平は初代チャンピオンとして1973年4月24日のザ・シーク戦を皮切りに防衛を重ねていく。

さらに1974年12月2日の鹿児島大会では、NWA世界ヘビー級王者のジャック・ブリスコを下して同王座の獲得に成功。第1次武者修行時代にバディ・ロジャースに挑戦して以来、12年越しの悲願達成は同時に日本人レスラー初の快挙でもあった。

メインイベンターとしての役目を果たし、それに見合ったファイトマネーを受け取り、シリーズオフになればハワイに行って悠々自適。これが日本プロレス時代の正平の生活サイクルだったが、団体の社長となったからにはそうはいかない。自分のことだけを考えるわけにはいかない。

所属レスラーの生活、社員の生活、外国人レスラーへのファイトマネー、さらには交通費や宿泊費、その他諸々の経費を含めた支出をどのように賄うのか。収入とのバランスをどのように保つのか。社長の経営手腕が問われていく。

読売巨人軍をクビになり、干からびた自分の人生をつないでいく、そのための手段として飛び込んだプロレス界。そこでトップに登り詰めた正平が、今度は周囲の人間の人生を背負い、知恵を絞り、決断を下し、日本全国の会場に極上のエンターテインメント空間を創出していく。

こんな未来が待っているとは思ってもみなかった。だが、車は町田を出発点にすでに走り出した。停滞や後退は許されない。予期せぬ障害物が道に転がっていれば巧みに避けなくてはならない。たとえガードレールのない山道でも崖下に転落するわけにはいかない。

正平が自家用車を購入したのは1965年のこと。のちにはブルーノ・サンマルチノからプレゼントされたキャデラックが愛車となったが、最初の車種はトヨペットクラウン。前列のシートは特注で大きくしてもらった。ドライブは快適だった。

しかし、社長業という名のハンドルさばきについては初心者の若葉マーク。助手席でのサポートが必要になる。そう判断したのは、元子だった。

どうすればジャイアント馬場が気持ちよく仕事できるか。

元子の思いはこの一点に尽きた。ジャイアント馬場のことは誰よりも深く自分が理解している。その自分が守らなくて誰がジャイアント馬場を守るのか。そう考えることは元子にとって当然の帰結だった。

日本プロレス時代、ある姓名判断家がふたりの相性を占った。元子はそこでの言葉を鮮明に覚えていた。

「馬場さんの正平というお名前は、決して悪いお名前ではないのですが、平の字が一本足で立っていますよね。だから不安定なんです。でも、元子さんの元の字が二本足で立っている。馬場さんを支えるにはすごくいいお名前なんです」

そうなんだ。私が彼を支えていくんだ。元子は全日本旗揚げ後も巡業に同行した。日本プロレス時代の海外での「同行」ではレスラーの妻としてのんびりと旅を満喫したが、立場は変わって社長の妻。日々の興行の隅々まで観察するようになったことで、元子はひとつのビジネスを思いつく。キャラクターグッズの販売である。

興行はまさしく水物。天候ひとつで当日券の売り上げは大きく変わる。熱気を伴った神風が吹くこともあれば、寒風により体育館全体が凍えることもある。

浮き沈みのあるチケット収入を補うための会場でのグッズ販売。もちろんファンサービスにもつながると元子は踏んだ。

モノはTシャツ。ハワイ暮らしの経験から生まれたアイデアだった。もうひとつがバスタオル。こちらは歳暮の贈答用として製作を決めた。

「私、馬場さんの顔のイラストを入れたTシャツとバスタオルを作りますね」

元子は決定事項として正平に切り出した。

「おう、そうか」

こうした形での元子の提案を、正平が「いや、ダメだ」と無碍《むげ》に突き返すことはなかった。決まって「おう」。それがこの夫婦の呼吸だった。

右手でチョップ。右足で十六文キック。いささかマンガチックなイラストにも、正平は「おう、いいんじゃないの?」。会場にグッズ売り場を設け、そこに元子が立つことについても「おう」と許可を出した。

贈答用に作ったバスタオルも好評だったことから、売店に並べた。1973年1月のことである。

ただ、プロレス会場でプログラム以外の何かを購入するという習慣がなかったこの時代。Tシャツも下着の一種というのが大半の日本人の認識であり、「いかがですか!」と声を張り上げても当初は反応が鈍かった。そんな時でも正平の眼差しはひたすらにやさしい。

「Tシャツ屋さん、もうかりまっか?」

そんなジョークが元子の胸に染みた。

会場が東京から離れれば離れるほど、それに比例するように売店と売店を遠巻きに眺める人々との距離も広がっていく。ところが、ある日の地方会場。ひとりの観客が先陣を切るとワーッと雪崩を打って人々が近寄ってきた。当時の会場に子どもの姿は少なく、客層の中心は年配の男性だったが「息子に買っていくよ」と財布を開いてくれた。

これはいけるかもしれない。１９７４年4月、元子はグッズ販売会社『ジャイアント・サービス』を正式に立ち上げた。

元子の直感が正しかったことは、のちの歴史が証明している。現在ではプロレスに限らず、あらゆるエンターテインメント産業においてキャラクターグッズの売り上げは重要な収入源になっている。

体育館のロビー。もしくはアリーナの一角。グッズ売り場は全日本プロレスにおいて不可欠の風景となった。商品を陳列したテーブルの内側では専用の椅子に正平がドスンと腰を下ろし、観客が購入したTシャツやタオルにマジックインキでサインを入れる。

客の流れがつかの間途切れると、正平が灰皿に一時待避させておいた葉巻を口もとに運んでふかす。上を向いて蒸気機関車よろしくプハーッと煙を吐く。甘さと香ばしさがブレンドされた大人の匂いがあたり一帯に立ち込める。観客は嗅覚への刺激によって、今日は全日本プロレスを観戦するのだとあらためて実感する。

ジャイアント馬場と葉巻。かつて武者修行中に「お前が葉巻なんて、10年早いわ！」と力道山に一喝されたことで、一度は自身の嗜好品リストから除外したが、日本プロレスのエースと呼ばれ始めた頃から再び愛用するようになった。

記者会見の席でも葉巻を手放すことはない。むしろ、正平にとっては必須アイテムでもあった。答えたくない質問、カンにさわる質問が飛び出すと、正平は無言のまま蒸気機関車に変身して文字通り煙に巻く。カメラマンは待ってましたとばかりにシャッターを切る。

苦々しげな表情と天井に向かって伸びる煙。この時期、正平を不機嫌にさせた最たる要因は、アントニオ猪木による執拗《しつよう》な挑発行為だった。

１９７１年12月13日。猪木は日本プロレスの経営権乗っ取りを企て、会社から重要書類を持ち出したとして日本プロレスから除名・追放処分を受けた。

翌14日。猪木は反論会見を開いたが、一方で日本プロレスへの復帰に向けても水面下で動き出した。しかし、選手会の猛反対により復帰が叶わずと見るや、マスコミを通じてジャイアント馬場を挑発した。

「馬場は３分でＫＯできる！」

対して正平は「除名になった猪木などいわば野良犬。プロレスは街のケンカではない」と取り合わなかった。

だが、これでおとなしく矛を収める猪木ではない。新日本プロレスを旗揚げした後も事あるごとに正平を、そして全日本を〝口撃〟していく。

猪木が「馬場とやってやる」とぶち上げればプロレスファンは狂喜する。両者による最後のシングルマッチは１９６３年10月２日の栃木・足利大会。待望の「ＢＩ対決」がついに実現するのかとファンはあれやこれや夢想する。

ところが、正平の腰は重い。記者に「猪木から対戦要求が出ましたが」と問われても、椅子の座面に尻を張り付けたまま葉巻をふかすのみ。お話になりません。沈黙こそが回答だった。

新日本のテレビ定期中継は旗揚げから約1年後の1973年4月6日、NETテレビで始まった。もちろんそこには堅牢《けんろう》な契約条項が存在する。ジャイアント馬場が新日本のリングに上がれないように、猪木もまた全日本のリングには上がれない。ともにテレビ局との契約に縛られている。

その厳然たる事実がありながら、猪木の対戦要求は止まらない。一騎打ちなどできるはずがないのに、挑発は止まらない。

理は正平にある。猪木の要求には無理がある。それは記者も分かっている。猪木自身も認識している。契約はどうなってるんだ、と正平が正論を振りかざせば猪木はぐうの音も出ない。

ところが、プロレスファンは必ずしも正論を欲していない。正平の極めて常識的な振る舞いよりも、ぐうの音も出ない状況でそれでも「ぐう」と言い放ち風穴を開けようとする猪木の姿勢にロマンを覚える。困難に立ち向かう開拓者精神を猪木の背中に見る。

1998年4月4日。猪木は自身の引退興行を次の言葉で締めくくった。

「迷わず行けよ　行けば分かるさ」

思い立ったら歩き出す。歩き出せばそこに道はできる。思い立ったら言ってみる。言えばそこに道はできる。

されど、そうした人生観は馬場正平の遺伝子には組み込まれていなかった。

象徴的なエピソードがある。1979年8月26日。東京・日本武道館で東京スポーツ新聞社主催による『夢のオールスター戦』が開催された。

そのメインイベントでジャイアント馬場とアントニオ猪木が約7年9カ月ぶりにタッグを結成。アブドーラ・ザ・ブッチャー&タイガー・ジェット・シン組を相手に勝利を収めたその試合後、猪木がマイクを握り言った。

「私は馬場選手と闘えるように今後も努力していくつもりです。ふたりが今度リングで会う時は、闘う時です！」

事実上の対戦表明。正平も応じた。

「よし、やろう！」

そして、ふたりは抱擁を交わした。ＢＩ対決の機運が最高潮に達した瞬間だったが、猪木の体に両腕を回す正平の思いは違った。

またやりやがったな。

この段階で一騎打ちの下交渉など何も始まっていない。一切の手順を無視した、見切り発車の対戦表明。相も変わらず「言ったもん勝ち」を狙う猪木のやり口に、正平はわずかばかりの懐かしさと、大いなる腹立たしさを感じていた。

結局、ＢＩ対決は実現することなく時だけが流れていった。迷わず行っても、そこに道はできなかった。プロレスファンの印象に残ったのは、ジャイアント馬場の腰の重さだけだった。

後年、当時のことに話が及ぶと正平は決まって次のようにこぼした。

「先に何か言ったほうが勝つというのは本当に困るんだよ」

攻めるアントニオ猪木。防戦一方のジャイアント馬場。迫る猪木。逃げる馬場。ひとつの固定されたイメージが知らず知らずのうちに刷り込まれていく。

ジャイアント馬場の時代は終わった。そんな声も公然とささやかれるなか、しかし元子は正平はまだまだ強いのだと信じて疑わなかった。

時にはPWFヘビー級王者として、時には1973年にデビューしたジャンボ鶴田とのインターナショナル・タッグ王者として、正平は日本での試合出場の合間を縫って海外マットにも頻繁に登場した。当然のことながら元子も同行する。

あるアメリカ遠征。元子は当地のプロモーター夫人と肩を並べて観戦することになった。正平の試合が始まると、元子は両腕を胸の前で組んだまま、静かにリングを見つめていた。

すると、隣の夫人が怪訝な表情で尋ねてきた。

「アナタ、どんなことを考えながら試合を見てるの？　怖くないの？」

なるほど、その夫人に限らず、アメリカのワイフたちは夫の動きに合わせて派手にアクションを取る。攻めている時には「ゴーゴー！」と両手を突き上げ、ひとたび劣勢に回れば「ノーノー！」と悲鳴を上げる。そんな夫人たちにとって、ほとんど体を動かさず表情も変えず、夫の一挙手一投足を凝視する元子の姿は実にミステリアスだった。

元子は答えた。

「だって、馬場さんは強いから怖くないわ」

心拍数が上昇する瞬間が皆無というわけではない。ただ、元子には「正平が負けるはずはない」との確信がある。どんなに攻め込まれていてもいつかは必ず立ち上がってくる。攻勢に転じたあとはどうやって相手の選手を仕留めるのだろう。腕組みをしながらそんなことを考えていた。

その日からしばらく、ワイフたちによるティータイムはミセス・ババの話題で持ち切りになったという。

1977年3月。正平は鶴田を伴ってアメリカへ。当時はハーリー・レイスが保持していたNWA世界王座に挑戦したほか、バロン・フォン・ラシクを相手にPWF王座の防衛に成功。その後は単身、ニュージーランド、さらにはオーストラリアへと転戦したのだが、ニュージーランドでの試合中にアクシデントに見舞われる。左足首を負傷。靱帯《じんたい》が伸びてしまった。

テーピングを施しても歩行は困難を極め、空港では車椅子に乗った。ただし、付け人がいない。まさか同じ飛行機に乗ってオーストラリアへと向かう「敵の」外国人レスラーの力を借りるわけにもいかず、元子がヨイショ、ヨイショと押していった。

3日間のオフをはさんでのオーストラリア興行。まだ階段も満足に上がれない状態だったが、正平はそれを逆手にとる。入場シーンでは「ウエルカム」と歓迎ムード一色の観客を焦らすかのように、ゆっくりゆっくり右に左に手を振ってリングに上がった。これぞトップレスラーならではの悠然たるパフォーマンスだと、大歓声が沸き起こった。

いかなる窮地に追い込まれても、その状況に見事に対応してみせる。元子は正平に対する尊敬の念を強くした。会場の片隅で「うん、うん」と独りごち、組んだ両腕の力を少しだけ抜いた。

「無事是名馬《ぶじこれめいば》」はいつしかプロレスラー・ジャイアント馬場の代名詞となった。1960年9月30日のデビュー戦以来、国内試合の連続出場記録が3000に到達したのは1980年4月25日、高知大会のこと。その後、記録は1984年4月26日の埼玉・大宮大会を首の負傷により欠場したことで途切れたが、3764という前人未到の数字を打ち立てた。

それ以前にも欠場の危機はあった。一例を挙げれば日本プロレス時代の1965年10月29日、静岡・駿府大会。タッグマッチに出場した正平はその3本目、相手レスラーのフライング・ヘッドシザースによって左側頭部をマットに強打。意識はあったが、体にまるで力が入らず、その場から動けなくなった。

パートナーの吉村道明が相手チームから袋叩きにされる様子を、ただ視線で追っただけの正平は試合が終わってもまだ自力では動けず、セコンドに担がれて控え室へ。そこから病院に急行すると、医師から2日間のドクターストップを命じられた。

翌日になってもまだ体はしびれていた。だが、幹部から欠場の許可が下りなかったこともあり、ジャイアント馬場の名前はこの日もラインアップを彩った。

この時、正平は豊登とのコンビでアジアタッグ王座こそ保持していたが、シングルのベルトにはまだ手が届いていない。それでも「試合に出ろ」と言われて、悟ったことがある。

俺はもう、簡単には休めないレスラーになった。

トップレスラーとしての使命という目には見えない重責をその日、正平は背負った。

足が痛ければ、手を使え。手が痛ければ、足を使え。手も足も痛ければ、頭を使え。それは全日本プロレス所属レスラーに対する教えにもなった。

ニュージーランドからオーストラリア経由で帰国し迎えた新シリーズ。4月8日の後楽園大会。リングに上がった正平の右足首にはグルグル巻きのテープ。相手のアブドーラ・ザ・ブッチャーは「しめた！」とばかりに右足を攻め続けた。普段は泰然自若の元子もさすがに動揺した。

闘い終えた正平に元子は思いを吐き出した。

「私、できることなら馬場さんのリングシューズの中に入りたい！」

「えっ？」

「だって、馬場さんの右足ばかり攻めてるから、私がシューズの中に入ってやっつけてやりたいのよ！」

「ハハハハ！」

正平はひとしきり笑ったあと、タネを明かした。

「ユーだって知ってるじゃないか。痛いのはこっちの足だよ」

そう言って指し示したのは左足だった。

「わざと右足を攻めさせたんだよ。俺だってそれくらいのことは考えてるので、ご心配なく」

元子は正平の頭脳戦にしてやられた。

そもそもジャイアント馬場というプロレスラーは過度のテーピングを嫌った。この時の頭脳戦はさておき、試合に敗れた場合の言い訳をあらかじめしているようで、潔さに欠けていると嫌った。

ひざをカバーするサポーターでさえ、両足に常時装着するようになったのは１９８０年代の中盤以降。年齢で言えばアラフィフに差し掛かってからだった。

1枚のショートタイツと1組のリングシューズさえあれば、世界各国どこでも試合ができる。それがジャイアント馬場が追い求めたレスラー像であり、同時に貫いてきた美学でもあった。

海外での試合スケジュールを消化した正平が、元子を連れ立って必ず立ち寄る街があった。アメリカのラスベガスである。正平の目的はカジノでのギャンブルに他ならない。

正平のラスベガスデビューは1961年からの海外武者修行時代だった。当地での興行終了後、会場近くのホテルのビュッフェで「3ドル食べ放題」の夕食を済ませると、吝嗇家《りんしょくか》のグレート東郷はさっさと宿泊先の古びたモーテルに戻っていったが、正平は100ドルほどの有り金を握りしめて、ひとりカジノへと向かった。

すると、ブラックジャックで連戦連勝。100ドルが午前3時頃には3000ドルになっていた。ところが、その2時間後には3000ドルがスッカラカン。わずかに残った25セント玉をスロットマシンに投入すると3ドルの当たり。それを元手に再びブラックジャックで勝負を挑むと、3ドルが一時は2000ドルにまで膨らんだ。「俺って運が強いなあ」と悦に入ったのもつかの間。午前7時にはすっかり丸裸にされ、正平は歩いてモーテルに戻るハメに……。

浴衣に高下駄でトボトボと約2時間半の道のり。途中、尿意を催した正平はちょいと失礼と砂漠の街に水分を与えた。その時、背後から近づいてきたのがサイレンを鳴らしたパトカーだった。

「俺、捕まっちゃうのか⁉」

運のなさを呪いかけたが、幸いにもパトカーは正平を追い越していった。

このデビュー戦こそ苦い記憶しか残らなかったが、のちには自ら「一種の天国と同じ」と称するほど、正平はラスベガスに魅せられていった。

ラスベガスには昼も夜もない。何時に目が覚めても遊ぶことができる。終わりの時間を気にしなくていい。「そこが最高なんだよ！」と正平はエンドレスの非日常空間をこよなく愛した。

そのなかで正平は究極の「ギャンブル必勝法」にたどり着く。いわく「これだけ負けてもいいや、まだ金はあるんだから、と思えるような余裕が懐にできてから勝てるようになった」。つまり、勝ちたいのであれば潤沢な軍資金が必要ということである。

筆者も1990年代の初頭に一度だけではあるが、ジャイアント馬場流のリッチなラスベガス遊びのお供をした経験がある。

「お前さんはお前さんで好きに遊んだらいいよ」というのが正平の基本スタンス。よっしゃ、渡された小遣いを是が非でも増やしてやろうと前のめりになってはみたが、そんな〝貧乏バクチ〟では勝てないことも正平はお見通しだった。それでも数時間は遊べただろうか。カジノの雰囲気を楽しんだ筆者は正平を探した。広いカジノではあったが、すぐに見つかった。確かこの時はサイコロの出目で勝負が決まるクラップスに興じていた。

正平が勝っているのか、それとも負けているのか。ルールさえも把握していない筆者には、にわかに判断がつかなかったが、正平が没頭していることだけは瞬時に分かった。

葉巻をガシッとくわえ、ディーラーと対峙する正平の背中には「声は掛けるなよ」と書いてあった。

筆者はギャラリーに徹することにした。時を忘れて真剣に遊ぶ正平の姿を、こちらも時を忘れてただ眺める。財布はとうの昔に空っぽになっていたが、それはそれで筆者にとって他では経験しがたいリッチなラスベガスの記憶となっている。

カジノと並んで、華やかなショーもまたラスベガス観光の魅力のひとつ。こちらは元子のお気に入りだったが、正平にとっては若干退屈な空間だった。

ラスベガスで夫妻揃ってショーを観たことはない。わずかにハワイとプエルトリコで1度ずつ。ハワイでは主催者からど真ん中の特等席を用意された。ところが、正平はショーの途中でウトウト、スヤスヤ寝てしまった。そのうち椅子からドスンと滑り落ちた。元子も含めて、周囲の人間は笑うに笑えない。ステージの歌手が言った。

「ミスターババは、私の歌が面白くないから落ちちゃった」

プエルトリコでは当地のプロモーターからの招待とあって、正平も渋々ながらショーの会場へ。ところが途中で席を立つと小声で「ト・イ・レ」。元子の背中をキュッとつねってから姿を消した。

正平は帰ってこなかった。案の定、カジノに足を伸ばしていた。ショーが終演に近づいた頃、何くわぬ顔で戻ってきた正平に向かって、元子が言った。

「トイレ、長いね」

一方で、ゴルフは夫妻共通の趣味となった。

正平が初めてゴルフクラブに触れたのは巨人軍時代。寮の近所に練習場があり、貸しクラブでバシバシと打ちっ放した。ピッチャーはバッティング練習をあまりやらせてもらえない、その憂さ晴らしも兼ねていた。

初めてのコースは海外武者修行中。場所はサンディエゴのモーテル裏のゴルフ場だった。日本での初陣は力道山に「お前たちもやってみろ」と引っ張り出された1963年9月、秋田でのこと。ゴルフシューズを持ち合わせていなかった正平は裸足でプレー。ハーフ46で回ったという。

日本プロレスのエースと呼ばれるようになってからは熱中度が増し、巡業の荷物にゴルフバッグを加えるようになった。

巡業の日程表が手もとに届くと、この日は移動の途中にあのゴルフ場に寄れる、この日はいったんホテルにチェックインして体育館に行く前にあのコースでプレーできる、などと紙を相手ににらめっこ。ああでもない、こうでもないとゴルフのスケジュールを思案するのが常だった。

ちなみに正平のベストスコアは1970年代の終わり頃、神奈川県相模原のメンバーコース（パー74）でマークしたアウト41、イン40の81。オフィシャルハンディキャップは14だった。

元子とのゴルフは、正平が打ちっ放しに誘ったことが端緒になった。元子の打球が初心者らしからぬ弾道を描くと、正平も「負けてたまるか」とスイングに力を込めた。

元子がハワイでの生活を始めると、正平の滞在中は現地のコースを毎日のようにふたりで回った。晩年になると正平の健康管理も兼ねてふたりは常夏の島でのラウンドを重ねた。若い頃と比べればドライバーの飛距離は落ちていたが、正平の持ち味はグリーン周りの小技、その正確性にあった。

「飛ばすだけがゴルフじゃないよ。上がってナンボだよ」

ニヤリと正平。それが口癖になった。

筆者にはふたつの夢があった。ひとつはジャイアント馬場とゴルフコースを回る。もうひとつがジャイアント馬場と麻雀卓を囲む。あれは1995年頃だっただろうか、1度だけ神宮外苑のゴルフ練習場で打ちっ放しの時間を共有したことがある。

ここでいいところを見せて夢を叶えようと意気込む若造をよそに、正平は黙々と、淡々と、ドライバーを振った。飛距離は200メートル弱だった記憶がある。何より印象的だったのは、スーッと一直線に伸びていくボールの軌跡。一方、右にスライスさせてばかりの若造は、己がいかに身の程知らずであったかを痛感し、正平が真っすぐ飛ばすボールに乗って今すぐカップの穴に身を隠したい。そんな衝動に駆られた。

麻雀にまつわる夢も成就しなかった。

正平と麻雀との出合いもまた巨人軍時代にまでさかのぼる。よく通っていた寮の近所の卓球場、その一角に麻雀卓があり、なじみのソバ屋の店員に「馬場ちゃんも覚えてみろや」と誘われたのがきっかけだった。夕食後、門限の午後10時までチームメートと卓を囲むのが恒例になった。

日本プロレス時代は2度目の武者修行から帰国した1964年の4月以降、巡業先の旅館で豊登や芳の里、吉村道明らとジャラジャラ、ポンだのチーだの、毎晩のように場外戦を繰り広げた。

1966年2月、正平はリキ・アパートに転居。これを機に麻雀熱が本格化する。建物内には麻雀仲間が集まる部屋があり、住人たちは夜な夜なジャラジャラと音を奏でる。レスラー同士のそれよりもレートが高く、正平はますますのめり込んでいった。

その熱は、のちに元子がアパートに引っ越してきても一向に下がらなかった。度重なるほったらかしに業を煮やした元子が、ギーッと麻雀部屋のドアを開けた。

「馬場さん、まだですか?」

努めて声のトーンは抑えたが、顔は怒っていた。

「あっ……」

正平と元子の関係を承知している住人たちは、バツが悪そうに牌から離した手で頭をかく。気まずい空気を一掃したのは、策士・正平のひと言だった。

「ユーも麻雀を覚えてみたら？」

正平は元子を雀友に引き入れることで、怒りの沈静化に成功した。

専門誌『近代麻雀』から名誉五段の称号を受けたこともある正平。打ち筋は性格そのままに慎重であり堅実。攻守のメリハリをつけ、ここが勝負どころと見るや手役よりも上がり優先で場を支配する。

麻雀にも勝利の極意があった。

「勝つまで打ち続けること」

要するに最後は体力勝負。夜通しの戦いも大歓迎。明け方には絶対的な自信を持っていたという。

さあ、この手を仕上げれば今日の麻雀も俺の勝ちだ。窓の向こうが明るくなり始めた頃、トップ争いとは無関係の人物がそれこそ安い手でヒョイと上がろうものなら、正平の怒りが爆発する。

「こんなところで上がりやがって！」

かたわらで観戦していた元子は思った。

「人が何で上がろうが、そんなに怒らなくったっていいじゃない」

でも、言えない。正平から「二軍」と位置づけられていた元子は、口をつぐんだ。

もちろん、正平がすべての場面でピリピリしていたわけではない。雀友のひとり、歌手の松山千春は証言する。

「結構ズルイことをやるんです。手が大きいでしょ。だから、麻雀のパイを4個一緒につかんで、全部見ちゃうんですよ。あと、当たりそうなパイを、わざと手から落としてこっちに見せて、「千春はこういうので待つんだよな」とか言って、当たりパイかどうかの反応を見たり。そういうズルを平気でやっちゃう（笑）。そんな茶目っ気があったので、一緒に遊ばせてもらって、すごく楽しかった」

（『ジャイアント馬場　甦る16文キック　第5巻』より）

ある時、名古屋での興行前夜に正平は松山と卓を囲んだ。例によって徹夜麻雀となったが「今日は試合があるから」と午前4時あたりにお開きとなった。

松山はタクシーに乗り込み宿泊先のホテルへと向かった。その途中、運転手が叫んだ。「あっ、ジャイアント馬場だ！」。

運転手の視線の先を松山が急ぎ追うと、トレーニングウエアに着替えた正平が、夜明け前の名古屋の街を走っていた。さすがは馬場さんだと松山が感心していると、正平が立ち止まった。すると正平は路上で仰向けになるや、なんと腹筋運動を始めた。よく遊び、よく働く。これが正平流のメリハリのつけ方。車中で松山が思わず笑ってしまったことなど知る由もなく、正平はなおも腹筋に負荷を与えていく。近くを歩く人々の視線を気にかけることもなく、一心不乱に。

正平と元子がリキ・アパートに別れを告げ、渋谷区恵比寿の10階建てマンションに引っ越したのは1978年のことだった。

8階の1部屋とともに地下室を購入し、倉庫兼トレーニングルームとして活用した。リキ・アパート時代はもっぱらホテルのジムで汗を流していたが、アトキンスによる猛練習を想起させる地下の部屋が正平はことのほか気に入った。

1978年と言えばちょうど正平が40歳になった年。「引退してハワイで暮らす」としていた38歳の誕生日は2年前に、また力道山の没年齢である39は1年前に通り過ぎていた。

もちろんまだ引退するつもりはない。社長レスラーとして第一線で闘い続ける決意と覚悟は十分だった。実際、正平は1979年10月31日の愛知大会と1980年9月4日の佐賀大会の計2度、時の王者であるハーリー・レイスを下しNWA世界ヘビー級王座の戴冠に成功している。

ただ一方で、1979年の下半期から1980年の上半期にかけての1年間、自身が保持していたPWFヘビー級王座の防衛戦は計4試合しか組まれていない。

正平は腰の痛みに悩まされていた。メインイベンターの務めとして興行に穴を開けることはなかったが、輝きを放つ場面は少なかった。一番弟子のジャンボ鶴田が『チャンピオン・カーニバル』初優勝を成し遂げたのも1980年5月のことである。

地下室でのトレーニングもままならなかったのだろう。上半身の筋肉量は落ち、骨っぽさを増した肉体を揶揄《やゆ》する空気も少しずつ広がっていった。

40代に突入した日本人トップレスラーはどうあるべきか。誰も「正解」を知らなかった。常識的に考えるならば「引退」の二文字が浮上する。

１９８１年。全日本プロレスと新日本プロレスの間で、かつてない企業戦争が勃発する。まず仕掛けたのは新日本。５月、ジャイアント馬場とライバル関係にあったアブドーラ・ザ・ブッチャーを全日本から引き抜いた。

これを号砲に「仁義なき引き抜き合戦」が幕を開ける。全日本がタイガー・ジェット・シン、上田馬之助、チャボ・ゲレロを獲得し報復に打って出れば、新日本はタイガー戸口やディック・マードックをかっさらってまたやり返す。

10月には東京・蔵前の国技館を舞台に異例の連日興行が組まれた。先手を打ったのは全日本。９日に創立10周年記念興行を開催すると発表した。すると、それを受ける形で新日本が前日の８日に同じ国技館で、こちらも創立10周年記念興行を開催すると発表したのだ。

対戦カードには両団体のカラーが色濃く反映された。全日本が豪華外国人レスラーを集結させた一方で、新日本はこの年の８月をもって消滅した国際プロレス勢との全面対抗戦という一点突破作戦。アントニオ猪木はラッシャー木村を迎え撃ったが、それまでにストロング小林や大木金太郎との一騎打ちで話題を集めてきた猪木にとって、日本人レスラーとの「遺恨対決」はお手のものだった。

観客動員はともに主催者発表で１万３０００人ながら、会場の熱気という点で連日興行は新日本に軍配が上がった。ブルーノ・サンマルチノやＮＷＡ世界ヘビー級王者のリック・フレアーをラインアップに加えることで、海外とのパイプの太さをあらためてアピールした正平ではあったが、参戦が見込まれたハルク・ホーガンの獲得には失敗。流出を食い止めた新日本の勢いが逆に印象づけられる形となった。

だが、年末に起死回生の一手が飛び出す。それが新日本人気の原動力でもあったスタン・ハンセンの引き抜き。衝撃が走ったのは12月13日。『81世界最強タッグ決定リーグ戦』の最終戦、国技館のリングだった。

その3日前まで新日本のシリーズに参戦していたハンセンが、なんの前触れもなくジーンズ姿でブルーザー・ブロディ&ジミー・スヌーカ組のセコンドとして現れたのである。

するとハンセンは試合に介入。場外でウエスタン・ラリアットをテリー・ファンクに見舞いブロディ組の勝利をアシストすると、試合後には文字通りの「土足」でリングに上がりドリー・ファンク・ジュニアにキックやエルボーを浴びせる無法ぶり。館内は騒然となった。

ここでドリーを助けるべくリングに駆けつけたのが、ジャンパー姿のジャイアント馬場だった。ハンセンの額にチョップの連打、連打、連打。都合14発。大きなモーションから繰り出す見慣れた脳天唐竹割りとは明らかに一線を画す、コンパクトに腕を振るボクシングのジャブのような、それでいて重量感のある一撃、一撃は見る者を興奮させた。

少なくとも筆者はテレビの録画中継に目を奪われた。何が起きたかは翌日の東京スポーツで知らされていたのに全身が熱くなった。

ジャイアント馬場対スタン・ハンセン、注目の一騎打ちは年明けて1982年2月4日、東京体育館でおこなわれることになった。奇しくもその1週間前、1月28日には同じ東京体育館で新日本が興行を開催。こちらはアントニオ猪木対アブドーラ・ザ・ブッチャーを持ってきた。再度の興行合戦。

その行方もさることながら、ファンの関心は2月4日以降の正平の去就に集まった。

一騎打ち当日時点で正平は44歳。対するハンセンは32歳。キャリアとテクニックでは正平にアドバンテージがあったが、コンディションの不安は拭えない。ハンセンのパワフルで直線的なファイトの前に破壊されてしまうのではないか。いや、きっと破壊される。そして、引退へ。そうした予想があちらこちらで噴出した。

何しろ前年9月23日、東京・田園コロシアム大会においてアンドレ・ザ・ジャイアントとの一騎打ちに臨んだハンセンは圧巻の試合運びを見せていた。大巨人をボディースラムで投げ捨て、さらにはウエスタン・ラリアットで豪快に吹っ飛ばした2つのシーンは、プロレス史に残る名場面となった。

脂が乗り切った状態での全日本マット参戦。そして、馬場戦の決定。これは大変なことになった。そう感じた筆者は新宿のプレイガイドに走り、2・4東京体育館大会のチケットを買った。大学受験真っ只中の身ではあったが、わが父でさえ「俺も行くぞ!」と乗ってきた。ライトなファンをも動かすほどの大一番だった。

そして大会当日。1週間前の新日本の9000人をしのぐ1万5000人、超満員の観衆が東京体育館を埋めた。セミファイナルのジャンボ鶴田対ニック・ボックウインクル戦が終了すると、まもなく発生したのは万雷の「ババ」コールだった。「ハンセン!」の声もうっすら聞こえてきたが、完全に「バーバ、バーバ」の連呼が覆い尽くしている。

負ければ引退? そんなことがあってたまるか。ファンの思いが詰まったババコールに、元子はこの日も腕を組みながら耳を傾けた。

越中詩郎、三沢光晴、川田利明（左から）といった若手選手とともにトレーニングを積む正平

負ければ引退？　大丈夫よ。馬場さんならきっとなんとかしてくれる。どういう風にハンセンを料理するんだろう。それしか興味がないわ。引退、引退って、誰かが引退させたがってるだけでしょ。運命の大一番にも、元子の泰然自若は変わらなかった。馬場さんは強いから怖くない……。

12分39秒、両者反則。レフェリーのジョー樋口が場外乱闘に巻き込まれた末の裁定は、スッキリとしたものではなかったが、試合終了後の会場は高揚感に包まれていた。ハンセンを相手に互角の闘い。いや、押していたのは紛れもなく正平だった。

開始直後に放ったカウンターの十六文キックにはキレがあった。終盤に繰り出した三十二文ロケット砲には十分な高さがあった。ウエスタン・ラリアットも堂々と真正面から受け切った。それでも破壊などされなかった。

何より際立ったのが正平の引き出しの多さだった。あの手この手を駆使してハンセンの生命線である左腕を攻めていく。向こうがパワーで来るなら、こちらはインサイドワークで勝負する。キャリア22年、数多《あまた》の修羅場をくぐり抜けてきた44歳ならではの戦術に、大観衆は快哉《かいさい》を叫んだ。

引退説を木っ端微塵に破壊したこの日のハンセン戦は、東京スポーツ新聞社が制定する『プロレス大賞』において１９８２年の年間最高試合に選出された。

トップレスラーとしての健在ぶりを示した正平ではあったが、その陰では全日本プロレスの体制に変化が生じていた。１９８１年いっぱいをもって正平は社長の座を退き会長職へ。第2代の社長には日本テレビから出向した松根光雄が就いた。

ジャイアント馬場の時代からジャンボ鶴田の時代へ。世代交代の波が正平を飲み込もうとしていた。

あの日、東京体育館で放った輝きは「そうはいくか」との正平の意地の結晶でもあった。

ハンセン戦から約5カ月。『週刊明星』7月22日号に「スクープ記事」が載った。

〈ジャイアント馬場が極秘結婚！　元子夫人との27年の愛が結実〉

正平と元子が婚姻届を提出したのはこの年の6月17日。それを受けてのスクープによって、プロレス界では公然の秘密となっていたふたりの関係が、広く世間に知れ渡ることになった。

7月7日には東京ヒルトンホテルで正平の記者会見がセッティングされた。長年にわたって静かに見守ってくれたマスコミ関係者へのせめてもの恩返しだったが、〝新郎〟は質問の連打に「もう勘弁してよ」と顔を紅潮させた。

入籍のきっかけ。それは元子に対する父・悌の言葉だった。

「このままでは、正平くんにも迷惑がかかるんじゃないか。そろそろきちんとしたらどうだい？」

結婚に猛反対していた母・夏子も、この頃には黙認の態度を取るようになっていた。正平は別の週刊誌記事の中で入籍のきっかけについては「周りに迷惑がかからなくなった」と答えている。意訳すれば「伊藤家の姿勢がやわらいだ」となる。

スクープ記事やその後のメディアの取材では、ふたりの子どもについても質問が飛んだ。正平は次のような言葉を残している。

「いや、もうトシだよ」

「時を逸したよ」

「いろいろ事情があったからね。あいつの立場が可哀そうなんだよ。今まで子どもを作らずにきたのも、それなんだし」

元子がハワイで暮らしていた頃、ふたりの会話に子どもに関する話題がのぼるのは決して珍しいことではなかった。

元子が問いかける。

「子どもができたらどっちに似るんでしょうね」

正平が答える。

「そりゃあ、そっちに似てくれたほうがいいよ」

元子は自然のなりゆきに身を任せようと考えた。正平の思いは少し違った。元子の両親から正式な結婚の許可をいまだもらえず、入籍も済ませていないのに子どもを作れるはずがないと考えた。

もうひとつ、正平には別の思いがあった。

恵比寿のマンションのベッドルームで「本心」を打ち明けたことがある。

「なあ、よしこちゃん。俺たちのところには子どもがいないでしょ。どうしてだか分かる？」

よしこちゃんとは、元子の姪である川上佳子。１９８０年3月に都内の大学を卒業するとジャイアント・サービスに入社。それを機に妹の治子とともに「叔母夫婦」の家で暮らすことになった。

ある日、正平を起こしに行くと、不意に「どうしてだか分かる？」と答えを求められた。佳子がドギマギしながら「いえ、分かりません」と声を絞り出すと、正平はボソッと言った。

「おばあちゃんが悲しむからね」

佳子は息を呑んだ。思い当たる節があった。以前、夏子から受けた告白を佳子は心の中でそっと再生した。

「私は最初、正平さんのことを見た目で判断してしまったの。あのお顔がちょっとね……。私はクリスチャンなのに、なんてひどいことをしてしまったのかしらね」

正平はどこかのタイミングで、何かの拍子に夏子の思いを知った。「そっちに似てくれる」ことが保証されるなら今すぐにでも子どもを作りたい。でも、もしも自分にそっくりの子どもが生まれてしまったら……。そう考えると、選択肢はひとつしかなかった。

正平の心に夏子を恨む気持ちが芽生えることはなかった。これも自分の運命なのだと人知れず静かに義母の思いを受け入れた。

正平がもうひとつの本心を元子に伝えていたのかどうか、それは定かではない。ただ、子どもを授かることのなかった現実を元子も静かに受け入れ、前を向いた。

「お子さんはいらっしゃらないんですか?」

月日がどれだけ流れても、そんな質問が途絶えることはなかった。ジャイアント馬場2世を見てみたい。それはプロレスファンの永遠の夢でもあった。

元子は決まってこう答えた。

「ええ、家にはいません。だけど、リングの上にも観客席にも子どもはいっぱいいますから」

1983年1月23日。東京ヒルトンホテルでひとつのパーティーが催された。

名称は『ジャイアント馬場くんをますますテレさす会』。当初は同時期に発刊となった正平の著書『たまにはオレもエンターテイナー』の出版記念パーティーとして企画されたものだったが、どうせなら誕生日の1月23日にやろう、せっかくだから結婚披露宴も兼ねよう、と周辺で話がどんどん盛り上がった末の『テレさす会』開催だった。

元子にとってはジャイアント馬場の妻として初めて臨む公の席。読売巨人軍時代の後輩・王貞治はじめ、同期の国松彰、さらにはこの3年後に全日本プロレス入団を果たすことになる元横綱の輪島大士《ひろし》（当時、花籠親方）らの著名人を含む総勢約1500人の参列者の前で、あらためて紹介を受けた元子は、正平とともにウエディングケーキにナイフを入れ祝福の拍手を浴びた。

正平はこれまで自身を支えてくれた元子への感謝を歌に託した。壇上でマイクを握り披露したのは童謡『蛙の笛』。意外な美声に参列者からは「うまい！」の声もあがった。

日本プロレス時代、主力レスラーが1曲ずつソノシートに吹き込むという企画があり、正平は森繁久彌らが歌った『満洲里小唄』を収録している。また、1998年11月に2週連続で出演した『徹子の部屋』では黒柳徹子の求めに応じ、新潟の情景を描いた童謡『砂山』をしっとり歌い上げた。

たとえそれがプロレス中継でなくとも、正平がテレビ朝日の番組に出演するのは極めて稀なことだった。そこに制約があったわけではないが、日本テレビに対する義理立てとしてバラエティー番組などの出演依頼は断り続けた。

『徹子の部屋』出演の約1年2カ月前、1997年9月に報道番組『ニュースステーション』のワンコーナーである『最後の晩餐』に登場。これが1972年8月17日放送の『NETワールドプロレスリング』以来、実に約四半世紀ぶりの「10チャンネル」出演だった。

それほどまでにNETテレビ、およびテレビ朝日は正平にとって、決して笑顔で握手などできぬ

1983年1月23日、『ジャイアント馬場くんをますますテレさす会』でウエディングケーキにナイフを入れる馬場夫妻

「敵局」だった。ハンセン相手の激闘によって引退説を一掃し、新日本との企業間戦争でも一矢報いた形にはなったが、日本テレビとテレビ朝日の攻防で言えば1982～1983年あたりが最も明暗分かれた時期と言える。

土曜8時枠でスタートした日本テレビの『全日本プロレス中継』は1979年4月に土曜夕方5時半枠へと降格。依然としてゴールデンタイムへの復帰は叶わずにいた。

一方で金曜8時枠のテレビ朝日『ワールドプロレスリング』はこの時期に視聴率20％超えをたびたび記録するなど絶好調。中でも1983年2月11日放送分は、1980年代レギュラー放送の最高視聴率となる25・9％（ビデオリサーチ調べ。関東地区）を叩き出している。

プロレスブーム到来の声が世間にあふれ始めた。「いや、これは新日本プロレスブームなんだ」と釘を刺したのは新日本の営業本部長、新間《しんま》寿《ひさし》である。

1983年4月3日。正平の姿は郷里にあった。三条市厚生福祉会館を舞台にインターナショナル・タッグ王座の防衛戦。パートナーはジャンボ鶴田。相手はスタン・ハンセンとアレックス・スミルノフのコンビだった。

19年前。母校・三条実業高校でのアジアタッグ王座防衛戦には2万の大観衆が詰め掛けたが、この日も会場は超満員。ただ、人数は3500に留まった。

試合は13分58秒、鶴田がスミルノフから3カウントを奪って幕を閉じた。弟子を主役に押し立てた凱旋興行。これが正平にとっては三条でおこなう最後のタイトルマッチとなった。

郷里での興行を終えると決まって正平は生家へと向かう。ふたりの姉とその家族も集まっての団らんは恒例行事となっていた。ヨシもアイ子も弟の到着を今や遅しと待ちわびるなか、アイ子の長男、すなわち正平の甥《おい》にあたる武田強は異なる感情を抱いていた。

「俺の中で馬場さんはテレビの中の人なんですよ。プロレスに興味がないから、会場に行ったこともない。動いている馬場さんを生で見たことがない。家に来ても近寄りがたいというか。デカイから怖い（笑）。遊んでもらった記憶はない。「つよし！」って説教に近い感じで始まるから嫌なんですよ。俺も一応その場にいなきゃいけないんだけど、また何か言われるんじゃないかと思うと苦痛でしかなかったですね」

姓は違うのに、強がジャイアント馬場の甥であることは地域で広く知れ渡っていた。

「サインを頼むわ」

「タダ券、なんとかならない？」

尽きることのない同級生のリクエストもまた苦痛だった。中学卒業後は燕市の高校に進んだが、自分の素性が知られていない新潟市の高校に入り直したほどだった。

「高校卒業後に仕事を転々としてたら、馬場さんが「定職に就かなきゃダメだぞ。行きたいところがあるなら言ってみろ」と。何かにつけて気にはかけてくれた。俺のほうが懐《なつ》かなかっただけでね」

料理はアイ子が作った。茶碗蒸しが正平のお気に入りだった。

「金物の大きい鍋、いわゆる〝おでん鍋〟で作るんですよ。昔のプリンのような、ちょっと硬めのやつ。アイ子が肉嫌いだったから具は鮭缶。まあ、三条の味ですよ。普段いいもの食ってるから、そういう素朴なものがいいんだと思います。9時に試合が終わって、9時半に来て、だいたい11時前にはホテルに向かう。ウチには泊まらないですよ。元子さんは来なかったですね。でも、俺が小学1、2年の時だから1974年か75年頃に1回だけ来たことがあって。なんか芸能人みたいな感じでね。周りの田舎のおっさんたちも言ってましたよ。「女優が来たかと思った」って」

その1回だけを除いてはいつもかたわらに若手レスラーを従えて、思い出の味に舌鼓を打った正平。それは強の記憶によれば1984年か1985年の団らんでのこと。胃袋を満たした正平が「さあ、ホテルに戻ろうか」と椅子から立ち上がろうとした。ところが、バランスを崩しうまく立てなかった。

咄嗟《とっさ》にお付きの若手たちが正平の脇を抱えて、よっこらしょと立ち上がらせた。

「ビックリしましたね。うわあ、ひとりでは立てないんだって。まあ、座り慣れない椅子というのもあったんでしょうけど、それにしても一応スポーツ選手なわけで。立てなかったことが衝撃というより、そんな状況なのにプロレスをやってることに驚いたというか。ど根性だなあと思いましたね」

正平のコンディションを整え万全の状態でリングに上げる。気持ちよく試合に集中できる環境を作り上げる。「私が支えなければ」と元子は日常生活におけるリズムの乱れになお一層、神経を尖らせるようになった。

ある日の朝の恵比寿。いち早く動き出したのは居候の佳子。ジャイアント・サービスへの出勤時刻が迫っていた。ひとり朝食の支度をしていると、皿と皿をガチャリとぶつけた。傷をつけたわけでもましてや割れたわけでもなく、普通は誰も気にも留めない程度の生活音だったが、ベッドルームからすっ飛んできたのは元子だった。

「今の音で馬場さんが目を覚まして、今日の馬場さんの試合が台無しになったら、アンタはどう責任取るの！」

以来、佳子は皿を1枚重ねるのにも数十秒の時間を使うようになった。

興行開催日は、夫妻の帰宅が日付をまたぐことも珍しくない。深夜1時。ようやくドアが開いた。そこから元子の説教が始まる。掃除の仕方、キッチンの使い方。時計の長針が2回転、3回転する。

来日した外国人レスラーを正平が自宅に招き、元子が手料理をふるまうこともしばしばだった。会話は弾み、ここでも時計の短針は向かって左半分のエリアから右半分のエリアへと移動していく。

ある日。元子は新たに購入したとっておきの皿で料理を提供した。宴が終わった午前2時、片づけようとした佳子だったが、手から滑り落ち、今度こそ皿を割ってしまった。

「アンタ、私がどんな思いでこのお皿を買ったと思ってるの！」

烈火のごとく、との慣用句の実用例を佳子は身をもって知る。正平が割って入る。

「そうは言ったって、よしこちゃんも朝から普通に仕事をして、こんな夜中まで手伝ってたら、手もとが狂うこともあるよ。お皿はまた買えばいいよ」

ところが、この言葉が元子をまたイラつかせる。自分の味方をしてくれない正平に腹を立て怒りが増幅する。

佳子はジャイアント・サービスの社員という立場もあって恵比寿を飛び出すわけにもいかず、耐える毎日が続いた。友人から「パンダ」と呼ばれるほどふくよかだった体形は、一気に痩せ細っていった。拒食症による体重20キロ減。生理は止まり、医師からは胃がんの一歩手前ですと告げられた。

元子の激情は時と場所と相手を選ばない。それが血のつながった身内であっても、全日本プロレスのベテラン社員であっても、会場整理のアルバイト学生であっても、チケットを買って入場してきた観客であっても、その行為がジャイアント馬場の傷につながると判断すれば、元子は声を荒らげた。

ロビーを走り回る子ども。リングサイド最前列で居眠りをする大人。元子は叱り飛ばした。

もちろん、マスコミ関係者もその対象である。元子の警戒度はおそらく最上位だった。アナタはどれだけプロレスを理解しているの。アナタはどれだけジャイアント馬場を理解しているの。元子は門番としてふるいにかける。この関所を通過できなければ取材やメディア出演は実現しない。元子は正平の「専属広報」として、中でも体の大きさに関する質問については厳しい言論統制を敷いた。

「ご自分の手や足と馬場さんの手や足を合わせて「わあ、大きい」などとはしゃぐことはやめてください」

事前の打ち合わせではNG行為について念を押す。その場で「馬場さんって、やっぱりデカイですよね」などと言おうものなら、それがたとえ悪意のない純粋な感嘆であったとしても、元子は即座に心のシャッターを下ろし「もう帰ってください」と話し合いを打ち切る。

「大きい」は許容範囲だが「デカイ」は完全な禁句だった。その3文字にはジャイアント馬場へのリスペクトが微塵も感じられない、というのが元子の考えだった。

そのあたりの機微を「一見さん」が正確に嗅ぎ分けることは極めて難しい。結果、数多くの媒体が地雷を踏んだ。そして、そのことが元子に関する悪評へとつながっていく。

筆者も第一関門こそクリアしたものの、その後は何度となく元子の逆鱗《げきりん》に触れた。最初に受けた叱責は青森の体育館のロビーにて。リング組み立て部隊のひとりであり、リングアナウンサーも務める仲田龍《なかたりゅう》から「イチノセくん、興行が終わったらトラックに乗って俺たちと一緒に東京に帰らない？『週刊プロレス』の企画にもなるでしょう」と誘われた。

「面白いですね。お願いします」。異存はなかった。そこで元子に事後承諾を求めたところ、火山から噴石が上がった。

「もし、途中で事故が起きたら誰が責任とるの！」

正論である。返す言葉はなかった。

「申し訳ありません」

普通はこれで終わる話である。しかし、丁重に謝っても元子の怒りは収まらなかった。観客が笑顔で行き交う第1試合開始前のロビー。直立不動で噴石を浴び続けた仲田と筆者。「なんだ、なんだ」と人々の好奇の視線が突き刺さる。それもまたメンタルを萎えさせた。

マグマの源は、ジャイアント馬場を頂点とする全日本プロレスの指示命令系統を無視したことにあった。物事を進めようとするなら、何はさておきトップである正平に話を通し判断を仰ぐ。その手順を踏まなかったことが、元子は許せなかった。

裏を返せば、このワンポイントさえしっかり押さえておけば、全日本ではスムーズに仕事ができる。正平も元子も心を開いてくれる。いささか高い授業料ではあったが、筆者はその方程式を胸に刻んだ。

食事の席しかり。ひとたび誘われたら「馬場さん、あれ食べたい、これ食べたい」と際限なくおねだりするぐらいでちょうどいい。正平は「可愛いヤツや。どんどん食べろ」と目尻を下げる。

ジャイアント馬場は父であった。

馬場元子は父を支える母であった。

そして、母は言った。「リングの上にも観客席にも子どもはいっぱいいます」と。この擬似家族関係こそが、ジャイアント馬場がいた時代の全日本プロレスの本質であった。

アットホームな空間に身を委ね、親を親として敬う子どもは父や母から無限の愛情を享受できる。

しかし一方で、私は子どもになった覚えもないし、公衆の面前で晒し者になるなんて冗談じゃないと反発する関係者も少なくなかった。

元子に関する悪評、元子と関係者の軋轢《あつれき》は「母」の実父・悌の耳にも届いた。

自分が甘やかしたばかりに……。悔いた悌はある日、全日本の試合会場を訪ねた。そして、団体関係者に詫びた。

「あんなわがまま娘に育ててしまったこと、皆様にご迷惑をおかけしていること、本当に申し訳ありません」

悔いてもなお、娘のためになるならばと父は頭を下げた。

元子に無限の愛情を注ぎ続けた悌がこの世を去ったのは、１９８５年11月19日のことだった。そして、憔悴し切った元子に正平は言った。

「お父さんのお墓の横が空いてるから、そこに僕たちも入ろう」

正平の父・一雄、正平の母・ミツ、正平の兄・正一は新潟県三条市の本成寺《ほんじょうじ》、その広い墓地の一角、墳墓と彫られた墓石の下で肩を寄せ合い眠っている。

とうちゃん、かあちゃん、あんちゃん、ごめん。元子をひとりにするわけにはいかないんだ。東の

シリーズオフになるとハワイやラスベガスにふたりで飛んで、羽を伸ばすのも馬場夫妻の「日常」だった

空に向かって呟いた正平。大きな決断だった。

この年、正平はプロレスラーとしても重大な決断を下している。

1985年7月30日。福岡スポーツセンターでスタン・ハンセンを相手にPWFヘビー級王座の防衛戦に臨んだ正平は、13分50秒、バックドロップからの体固めによってフォール負けを喫した。すると、試合後にシングルのタイトル戦線からの撤退を表明した。

インターナショナル・タッグ王座についてはすでに前年4月の時点でタイトル返上。ジャンボ鶴田と天龍源一郎の「鶴龍コンビ」に後を託している。

すなわち第一線からの完全撤退。折しも1985年10月に『全日本プロレス中継』は土曜7時枠のゴールデンタイムへの復帰を果たすのだが、その戦力としてレスラー・ジャイアント馬場は計算されていなかったことを意味している。

47歳の秋。正平はいよいよ道標《みちしるべ》を失った。見失ったのではない。完全に喪失した。44歳の引退説はハンセンという好敵手に恵まれたことで払拭《ふっしょく》してみせたが、またぞろ湧き出した「もういいんじゃないか」だの「馬場、やめろ！」だの、辛辣《しんらつ》な声の数々を跳ね返す手段が今度は一向に見えてこない。

1988年。50歳になったこの年、正平に新たな道標が舞い込む。ターニングポイントを演出したのはジャイアント馬場の首を執拗に狙い続けてきた元国際プロレスのラッシャー木村だった。

8月29日、日本武道館。正平との一騎打ちに敗れた木村はマイクを握り、言った。

「ババ！　これだけ馬場と試合すると他人とは思えないんだよ。だから1回でいいからオマエのことをアニキと呼ばせてくれ！」

さらに10月26日、後楽園ホール。正平とのタッグ対決を終えた木村は再びマイクを握り、言った。

「俺は馬場とタッグを組んで一度でいいから「アニキ、ありがとう」って言ってみたかったんだ。だから、今年の最強タッグは頼むから兄弟コンビを組んでくれ！」

木村の切々とした、それでいてほのぼのとした笑いを誘うマイクパフォーマンス。ファンは兄弟コンビの誕生を拍手と歓声で支持した。

正平はその声に耳を傾け、その声に身を預けた。父としての威厳を保つことに腐心してきたジャイアント馬場が、ふと肩の力を抜いた時、そこにやさしい兄の顔が加わった。

ちょうどこの10月。日本テレビ系列でスタートした『クイズ世界はSHOWbyショーバイ!!』に正平はセミレギュラーとして出演。そこで見せたユーモラスな解答者ぶりも相まって、ジャイアント馬場に対するファンの眼差しもまたやわらかさを増していった。

「ババ！」から「馬場さん！」へ。敬称付きで呼ばれるようになったプロレスラー。「もうやめろ」と叫ぶ者は昭和の遺物としてどこかに消えていった。

1989年4月。平成元年の春。51歳となった正平は再び全日本の社長の座に就いた。

この年の7月。アントニオ猪木がスポーツ平和党を立ち上げ、第15回参議院議員通常選挙に比例区から出馬した。投票日に先立ち『週刊プロレス』のインタビューで「猪木さんには当選してほしいですね」と話を振られた正平は「そりゃそうだよ。マット界に生きている人間なら、みんなそう思っているだろうな」と答えた。

筆者は1990年代に2度ほどジャイアント馬場とアントニオ猪木の「遭遇」を目撃したことがあ

る。都内のホテルのロビーでバッタリ出くわした両雄。しかし、そこに険悪な空気は流れない。猪木のほうから「お久しぶりです」と歩み寄り、立ち話をヒソヒソと数十秒間。「じゃあ、また」と猪木がその場から去っていく。

思うところはいろいろあるのだろうが、悠然と対応する正平の姿が印象的だった。木村とは異なる意味で、猪木もまた正平にとっては永遠の弟分だったのだろう。

前出の選挙で当選を果たし参議院議員となった猪木が年に数度のスポット参戦へとシフトしていった一方で、正平は日々、リングに上がり続けた。最後の10年間も。

終　章　そして果たされた約束

「明るく、楽しく、激しいプロレス」

これは1989年から全日本プロレスが掲げたスローガンである。3要素のうち、ポイントは「明るく」にあった。

昭和のプロレス界に横行していたのは不透明決着だった。いや、横行と書くと語弊があるかもしれない。それが常識だった。プロレスとはそういうものだと誰もが信じて疑わない時代があった。

両者リングアウト。凶器攻撃やレフェリーへの暴行、第三者の乱入による反則決着。勝者と敗者を曖昧《あいまい》にするこれら不完全燃焼の試合は、所属レスラーの商品価値を下落させまいとする団体側の論理によって生み出され、常態化していった。そこに観客の思いは組み込まれていない。

正平もそういう時代にプロレスラーとしての全盛期を過ごした。それでも超満員の観客を動員できる時代だった。

しかし、昭和の終わり。全日本の会場の人口密度は低かった。

1987年10月6日、日本武道館。メインイベントはジャンボ鶴田対天龍源一郎の日本人頂上対決だったが、観客数は主催者発表で1万1800人。2階席の上部には細長いシートに寝そべり頬杖をついてリングを眺めるファンが何人もいた。頂上対決の結末は、ブルーザー・ブロディの乱入による天龍の反則勝ち。また新たな落胆と失望が生まれた。

1988年4月。『全日本プロレス中継』は土曜7時枠から日曜夜10時半スタートに降格する。抜本的な打開策が必要となった時、正平が着目、かつ分析したのはファンの声だった。

ラッシャー木村との兄弟コンビ結成の過程ではファンの声に身を預けたが、そこから一歩踏み込んで、今ファンが何を求めているのか。忌憚なき意見を収集した。

その結果、明確になった進むべき道。それが不透明決着の完全排除による「明るいプロレス」だった。両者リングアウトや反則決着といった「逃げ道」を許さず、あくまでもリングの中で勝者と敗者を決める。それが観客の爽快感、満足感につながる。

「今日は来てよかった。また、来よう」

満足感は次回興行への期待感にもつながる。その期待に次回も応えることでファンとの間に信頼関係を構築する。落胆や失望を一掃することでリングは必ずや明るい空気に包まれると考えた。正平は「スポーツマンシップにあふれたプロレスを目指す」と公言した。

原点は野球にあった。メインレフェリーの和田京平には「反則もさせるな、椅子なんか持たせるな。レフェリーは絶対なんだ。野球だってアンパイアがストライクと言えばストライク。どこから見てもボールでも、アンパイアがストライクと言ったら変えちゃいけない。それがスポーツなんだ」と心構えを説いた。ヒットを打たれても「ナイスバッティング」と打者に声を掛ける一塁手のように、たとえ負けても腐ることなく勝者を称え、敗戦を明日への糧とする。そんなプロレスを正平は所属レスラーに徹底させた。

日々の積み重ねに対して、ファンは敏感だった。1989年6月5日、日本武道館。メインイベントはジャンボ鶴田対天龍源一郎の三冠ヘビー級選手権試合。観客数は主催者発表で超満員の1万5200人。2階席の最上段まで好勝負への期待に満ちていた。三冠戦の結末は、天龍がパワーボムを決めて堂々たるフォール勝ち。そしてまた生まれた次回への期待感と団体への信頼感がレスラーのエネルギーとなって「明るく、楽しく、激しいプロレス」の歯車を回転させていく。

全日本の循環型プロレスは軌道に乗った。ところが、まもなく逆風の連鎖にさらされる。

1990年4月。『全日本プロレス中継』は日曜深夜0時30分スタートと、さらに深い時間帯へと移行した。加えて、団体の屋台骨を支えてきた天龍源一郎が退団したのもこの月の下旬のことだった。激しさの担い手だった天龍の穴は、大きかった。5月14日、東京体育館。冷たい雨が降っていた。月曜日の興行は当日券が伸びず、空席も目立つなかで試合は進行していった。

正平はメインイベントのタッグマッチに登場した。ジャンボ鶴田をパートナーに、相手は現役の世界タッグ王者コンビであるテリー・ゴディ&スティーブ・ウイリアムス組。自らを奮い立たせた52歳だったが、アクシデントに見舞われてしまう。試合中に背中をコーナーマットに強打。体に電気が走り、その場にズルズルと崩れ落ちた。

たとえ天龍がいなくなっても、また新たな期待感を生み出してくれるのだろうと信じてやまなかった観客は、それが無理なお願いだったことを知り肩を落とした。

ゴディに3カウントを奪われた正平。アクシデントが大事に至らなかったことが、せめてもの幸いだった。

筆者は上司である『週刊プロレス』編集長の山本隆司とともに、正平と元子が待つ永田町のキャピトル東急ホテルへと向かった。ホテルのロビーには元子がいた。目と目が合った。次の瞬間、悔しさの炎が宿る瞳を湿らせるかのように、ひと筋の涙が元子の頬を伝った。

逆風はなおも連鎖した。6月から7月にかけて所属日本人レスラーの退団が相次いだ。彼らはメガネスーパーが興した新団体『ＳＷＳ』で天龍と合流した。メディアは「全日本プロレス　存亡の危機」と書き立てた。

だが、このピンチを乗り切ると、全日本は１９９０年の夏から１９９２年にかけてかつてない隆盛期に突入する。「社長になんてなるもんじゃないよ」が口癖だった正平が、「社長になってよかったと初めて思えた」とのちに振り返った2年あまりの歳月。特効薬を開発したわけではない。「明るく、楽しく、激しいプロレス」の愚直なまでの実践によって男女問わず、特にティーンエージャーの姿が会場にあふれ返った。

日曜日の深夜。明日は学校。舌打ちのひとつでもしたくなる頃、ふとテレビのスイッチを入れると、そこには体ひとつで逃げ道なき世界を疾走する男たちがいた。ジャンボ鶴田やスタン・ハンセンといった実績十分の大将格に、三沢光晴や川田利明、小橋健太らの若き戦士が食らいついていく。はね返されても何度でも何度でも、怯むことなく食らいついていく。その単純明快な構図が全国のティーンエージャーの心を熱くした。

「ばばさ〜ん！」

ジャイアント・サービスの売店。マジックインキを握る正平にうら若き乙女たちから声が掛かる。

正平は隔世の感を覚えていた。不透明決着との決別は、自身が築き上げた栄光の歴史との決別でもあり、言ってしまえば自己否定でもあった。でも、これでよかったのだ。正平は無邪気に手を振る乙女たちに向かってニコッと微笑んだ。

正平は大学の学園祭などで企画されたトークショーにも積極的に出演。若者の輪に自ら飛び込んでいった。ファンクラブ会員との旅行では夜の宴席でビール瓶片手に「どうぞ、一杯」とお酌するなど、気さくな一面を見せた。

1990年から『週刊プロレス』では年に1度のペースでレスラー名鑑を製作することになり、筆者は正平にアンケートを試みた。

「好きな食べ物はどうしましょうか」

「大福だな」

1991年版では大福から「メロンほか果物」に変更された。すると正平のもとには大量のメロンが届くようになった。1994年版の製作時、筆者は正平に呼び止められた。

「大福に戻してくれや」

理由を聞けば、メロンをプレゼントしてくれるのはありがたいが若い子たちの負担になるからな、と。ジャイアント馬場とはそういう人だった。

1990年9月30日。正平はデビュー30周年の記念日を迎えた。

同日デビューのアントニオ猪木が神奈川・横浜アリーナで大々的なセレモニーをおこなったのに対して、正平は後楽園ホールで普段着のたたずまい。メインイベントのタッグマッチでは「大巨人」ことアンドレ・ザ・ジャイアントと注目の初対決に臨んだ。

それまで参戦していた新日本プロレスのリングでは、怪物としてファンに恐れられていたアンドレ。身長2メートル23センチのアフロヘアの上で悲鳴、罵声、怒号の放物線が行き交う。

正平は大巨人の秘められた哀しみを誰よりも理解できた。正平はアンドレを友として温かく迎え入

1990年代の中頃、ある日のジャイアント・サービス売店にて。座り慣れた椅子に腰を下ろす正平の近くには、いつも元子の姿があった

れた。『90世界最強タッグ決定リーグ戦』にはコンビを組んで出場し、開幕から快進撃を見せた。

ところが、優勝の二文字が見えてきた11月30日、北海道・帯広大会でアクシデントが起こる。正平は対戦相手のドリー・ファンク・ジュニアともつれるようにリング下に転落し、左半身を体育館の床に強打した。排除したはずの「両軍リングアウト」の結末が非常事態であることを教えてくれた。左大腿骨《だいたいこつ》亀裂骨折。全治3カ月。正平はストレッチャーに乗せられたまま飛行機で東京に戻り、東京医科大学病院に入院した。

いよいよもって引退するのでは、との世間の声を正平は懸命なリハビリで打ち消した。1991年6月1日、日本武道館大会の6人タッグマッチでカムバックを果たすと、同年11月30日にはあの日と同じ帯広で、あの日と同じアンドレをパートナーに世界最強タッグの公式戦に臨んだ。対戦相手にドリーが名を連ねているのもあの日と同じだった。

「アンタたちがいろいろ言うから、俺もだんだん気になってね。今日はなるべくドリーと関わらないようにしたよ（笑）。まあ、終わってよかったよ」

白星を収めた正平。控え室に戻ると白い歯をのぞかせながら取材陣に安堵の表情を見せた。

筆者は宿泊先のホテルを訪ね、正平、元子の3人でお茶を飲んだ。

「いやあ、本当によかったですね」

筆者のお気楽な口調に元子が反応した。溜めていた感情を一気に吐き出した。

「そんな、のん気に笑ってなんかいられないよ！」

感情の爆発によってダムが崩壊し涙が一気に放流された。頬に太い滝ができた。どうしてわざわざ帯広でドリー組と闘ったの。もしまた何かあったらどうするの。全日本プロレスの母ではなく、馬場正平の妻がそこにいた。

1992年10月21日。全日本プロレスは日本武道館で『旗揚げ20周年記念興行』を開催。その人気はひとつのクライマックスを迎える。正平はスタン・ハンセン、ドリー・ファンク・ジュニアと夢のトリオを結成。相手はジャンボ鶴田、テリー・ゴディ、そしてアンドレ・ザ・ジャイアントの3選手。プロモーター・ジャイアント馬場の集大成とも言える豪華な6人タッグマッチに、1万6300の超満員観衆は沸きに沸いた。

いつまでも夢に浸っていたい。そう思える幸せな時間だった。だが、正平もファンも、まもなく厳しい現実を突きつけられることになる。

武道館大会を最後に鶴田が肝炎治療のため長期療養に入った。病名を伏せる形で正平が入院の事実を公表したのは11月13日のことだった。

年明けて1月の終わり。フランス・パリからは突然の訃報。アンドレが46歳で急逝した。まさにギリギリの奇跡的なタイミングで実現した夢の6人タッグマッチであったことを、人々は知った。

1992年の年の瀬、12月27日には「クマさん」こと大熊元司が51歳でこの世を去った。ハワイへの社員旅行から帰国直後の悲報だった。

かつての付け人であり全日本旗揚げメンバーの死。1993年1月2日の後楽園大会で、正平は遺影を抱えてリングに上がり、惜別のテンカウントを聞いた。

アンドレも同じように見送った。ふたりだけじゃない。1984年にはデビッド・フォン・エリックを都内のホテルで、1987年には新婚旅行を兼ねた海外遠征中のハル薗田《そのだ》を飛行機事故で、さらに1988年にはブルーザー・ブロディを刺殺という形で、それぞれ喪った正平はそのたびに父としての役目を果たした。

明るく、楽しく、激しく、そして哀しく。それはファミリーであることを団体のカラーとした瞬間に、正平と元子に課せられた宿命だったのかもしれない。

別れを乗り越え、なお続く闘いの日々。1993年4月20日、福島大会で正平は国内通算5000試合出場を達成した。特別なカードは組まなかった。いつものようにラッシャー木村、百田光雄と「ファミリー軍団」を結成し、いつものようにジョー・ディートン、永源遙、泉田竜舞の「悪役商会」と闘った。売店ではいつものように葉巻をふかした。

それから5カ月。1993年の秋。『クイズ世界はSHOWbyショーバイ!!』の司会者である逸《いつ》見《み》政孝がガン治療のため闘病生活に入ると、正平は完治を願い葉巻を断つと心に決めた。

しかし、12月25日。逸見は帰らぬ人となった。それでも正平は二度と葉巻をくわえなかった。左足骨折の入院中にはベッドを喫煙ロビーまで押してもらって煙を充満させるほどに手放せなかった葉巻を、友への思いとともに封印した。

この1990年代。筆者は何度となく馬場家の固定電話のベルを鳴らした。10回電話を掛ければ限りなく10回に近い確率で元子が受話器を取るのだが、ごくまれにおなじみのくぐもった感じの「もしもし」が聴こえてくることがある。

「あ、あ、い、い、いちのせです」

「なあんだ。かあちゃんか？　ホイ」

いきなり「元子さんに代わってください」とは言い出せないこちらの心を見透かすかのように、正平は受話器をホイと元子に渡す。急速に上昇した心拍数が急速に下降する。

仮に恵比寿から「もしもし、馬場ですけど」などと掛かってこようものなら、どれほど血圧が上がったことか。関西に住むファンクラブ会員がそんな貴重な体験をしたのは、1995年1月下旬から2月上旬にかけてのことだった。

同年1月17日に発生した阪神・淡路大震災によって、明石にある元子の実家は甚大な被害を受けた。同29日に『95新春ジャイアント・シリーズ』が終了すると正平も明石に駆けつけた。そして、家の修復や片づけと並行して、ボランティア活動を開始する。

関西在住のファンクラブ会員に連絡を取り、必要としている物を直接尋ねた。カップヌードル、飲料水、ガスコンロ。リクエストは多岐にわたったが、それらを元子の兄・宏の車に積み込み自ら配って回ったのである。

マスコミには一切告知しない隠密行動。情報を持たないファンクラブ会員にとっても驚きでしかない。ある女性に電話を掛けた時のこと。

「もしもし、馬場ですけど」

「えっ、えっ」

「何かほしいものはありますか」

「えっ、えっ、お、お、男がほしいです！」

「え、オトコ？」

「いや、いや、男手です」

笑う正平。その姿を微笑ましく見つめていたのが義母の夏子だった。

お互い、過去のあれこれについて会話を交わすことはない。正平の今の思いは、被災した自分たちのために、そして「子ども」たちのために東奔西走するその姿を見ていれば、それだけで夏子にも十分伝わってきた。自分の心の奥にずっと引っかかっていた正平に対する負い目も、当の正平がきれいに洗い流してくれた気がした。

のちに、認知機能が低下した夏子は高齢者ホームに入居した。正平と元子は周辺の姫路や岡山で興行があるたび、新幹線を西明石で途中下車しホームに顔を出した。

「お母さん、こんにちは」

「あらあ、正平さーん！」

老いた夏子が唯一、顔と名前を一致させることができたのは、娘でも息子でも孫でもなく、正平だったという。

阪神・淡路大震災の2日後。1月19日に全日本は大阪府立体育会館大会を挙行した。メインイベントは川田利明対小橋健太による三冠ヘビー級選手権試合だった。

結果は60分時間切れ引き分け。被災者感情に配慮して興行の開催見送りを促す声もあったが、そのなかで自分たちにできることはこれしかないと、持てる力のすべてを出し尽くした両選手は、被災地のみならず全国のファンに向かってひと筋の「明るさ」を届けた。

1990年代の中盤以降、全日本のメインストーリーを紡いだのはこの川田と小橋、さらには田上《たうえ》明、そして絶対的エース・三沢光晴、以上4選手だった。

彼らは「四天王」と呼ばれ、彼らが織りなす試合は「四天王プロレス」と称された。そして、四天王プロレスを語るうえでのキーワードとなったのが「カウント2・9の攻防」である。

必殺技が決まる。「ああ、これで終わった」と観客。でも、終わらない。やられた選手がカウント2・9で肩を上げる。ここで敗北を認めてしまえばラクになれるのに、立ち上がる。「ええ、まだ続くのか！」と観客。そして、また必殺技が決まる……。

あいつに負けてたまるかという意地と、観客の期待をも凌駕してやるのだというプロとしての誇りがそれぞれ4人分、交錯することで生まれた身を削る闘い。それが四天王プロレスである。

もちろん「明るい」ことが大前提ゆえ、完全決着を常に目指す。逃げ道はない。過酷である。だからこそ価値がある。正平はそう捉えていた。

春の本場所と呼ばれた『チャンピオン・カーニバル』。1993年の大会からはシングル総当たりのリーグ戦となった。スタン・ハンセンも健在ではあったが、1994年の大会からは四天王が入れ替わるように優勝トロフィーを手にしていった。

正平は言った。

「選手はしんどいですよ。でも、これに優勝したら世界一という折り紙をつけられると思う。アメリカの団体なんて問題じゃないですよ」

1997年3月のコメントである。世界一と胸を張れるだけの試合を提供しているという自負。その認識は四天王の4人も同じだったかもしれない。

だが、世界一に見合うだけの高報酬を四天王の4人が手にしていたかと言えば、答えは残念ながらノーとなる。

1985年には年間2度しか開催できなかった日本武道館大会が、1994年からは年間7度が恒例になり、そのすべてにおいて超満員1万6300の観客を動員するまでになった。

その一方で1993年の後半あたりから地方興行に陰りが見え始めた。年間7度の日本武道館大会にはそのマイナス分を補塡する意味合いもあった。

ビッグマッチの開催増に伴い、集客力のある新戦力が投入されるのであれば四天王の負担も減少しただろう。だが、正平はこの1990年代、門を堅く閉ざし「鎖国体制」を敷いた。なかでも、後ろ足で砂をかけるように全日本を飛び出していったレスラーのUターンは、頑として認めなかった。

正平には正平の思いがあった。

「安易にそういう選手を受け入れたら、今まで一生懸命頑張ってきたウチの選手が「なーんだ、やってられないわ」となるだろ」

父は子の心情を忖度した。鎖国を貫くことが、団体存亡の危機に一丸となって立ち向かった子どもらの心情に応える正道なのだと、信じて疑わなかった。

1996年9月。全日本は鎖国を解き、開国路線に舵を切った。ただ、正平は人の往来には手順を踏むことを求めた。多くは記者会見をはさみ、必ず「正門」から迎え入れた。塀を乗り越えようとするような異分子は拒絶した。

象徴的なエピソードがある。１９９７年に入り、柔道の五輪銀メダリスト・小川直也の代理人から全日本にコンタクトがあった。あくまでも柔道家としての参戦と、それに伴うファイトマネーを要求されたが、正平は一顧だにしなかった。

柔道着を脱ぎ捨て裸一貫、一からプロレスを学ぶのであれば受け入れの余地はある。ただし、一からやらなきゃならない人間に高い金は払えない。

それが正平の論理だった。つまりは、「ジャイアント馬場の子どもになりますか？　なるのであれば受け入れますよ」ということである。

結局、小川はプロレスラーとしてではなく、柔道着をまとったまま新日本プロレスのリングに登場。東京ドーム大会の観客動員に貢献した。しかし、異分子としての振る舞いは数々の波紋を呼んだ。団体内の和を優先するか。それとも、ビジネスチャンスを優先するか。ジャイアント馬場は前者であり続けた。そういう意味では商売っ気のない社長だった。

正平は事あるごとに繰り返した。

「全日本プロレスは、ファンがスポンサーなんだよ」

一枚一枚のチケット代の積み重ねに思いを寄せ、アットホームな社風を崩さず、身の丈に合った団体運営を持続させる。「俺は一度も給料の支払いを遅らせたことがないんだよ」。それが正平の誇りだった。

１９８８年11月10日付の読売新聞。取材を受けた正平は「私の夢」をこう明かしている。

「僕だけじゃなくて、レスラー全員が東京に土地を買って、家が建てられるぐらいプロレスを盛り上げていきたい」

（『読売新聞』1988年11月10日付より）

夢を夢のままで終わらせるのではなく、所属レスラーが家を新築、あるいは購入する際に正平が資金援助を惜しまなかったという話はあまり知られていない。一方で、ここ数年でかなり広まった話ではあるが、他団体では疎《おろそ》かにされていた所属レスラーの年金掛け金を全日本プロレスではきっちり負担していた。何かにつけてシビアな金銭感覚がクローズアップされることの多い正平だが、払う必要性のある金はしっかり払う。高齢者のエリアに達したかつての子どもたちは「本当にありがたい。助かってます」と口を揃える。

父と母と子による家族経営。その歯車は軋《きし》みながらもなお回転していた。

だが、世界一の闘いを標榜《ひょうぼう》するのであれば、企業としての成長を図るべきではないのか。大胆な改革も必要なのではないか。三沢光晴から「親離れ」の声が挙がったのは1998年夏のことだった。三沢は正平にカード編成をはじめとする団体運営の実権、その委譲を求めた。正平は「やってみろ」と容認した。

この年の1月23日。正平は60歳の誕生日を迎えている。当日は後楽園ホールで記念試合に臨むことになり、それに向けてコンディション調整に余念がなかった。

1998年1月10日の福岡・博多大会。自身の出番が近づき花道の奥に現れた正平は、ガウン姿のままやおらヒンズースクワットを始めた。

プロレス生活の原点とも言える足の運動。普段、恵比寿の地下室でトレーニングを始めると、コーヒーを運んできた元子でさえ「練習してるんだから、コーヒーなんか飲めるか！」と寄せつけなかった正平が、観客の視線が届く場所で両ひざを折っている。なりふり構わず、折っている。

還暦記念試合の6人タッグマッチ。正平はかつてNWA王座を射止めた思い出の技、ランニング・ネックブリーカードロップを渕正信に決めて自ら3カウントを奪った。試合後にリング上でマイクを向けられると、川田利明や小橋健太の強烈なチョップ攻撃によって赤く腫らした胸を愛おしげにさすりながら、こう言った。

「まだやれるんじゃないかと」

同年5月1日には東京ドームで団体初の単独興行を開催。異分子の起用もサプライズもなかったが、普段着のたたずまいで5万8300人の動員に成功した。

その矢先の親離れ宣言だった。

容認したとはいえ、正平はそれまでに味わったことのない寂しさを感じていた。

秋の日の午後。東京のホテルオークラのダイニングで、筆者は正平、元子、和田京平の4人でテーブルを囲んだ。いつになく話が弾まないランチだった。正平がポツリと言った。

「まあ、三沢も2、3シリーズやってみれば、いかに大変かということが分かるだろう」

この席で明言することはなかったが、正平は「親」としての引き際も意識し始めていた。三沢は、正平の代弁者として現場の一切合切に口をはさんでくる元子の排除を、正平に求めていた。

正平にとって、それはできない相談だった。そう遠くない将来、自分の肉体は衰えるだろう。歩けなくなる日が来るかもしれない。そうなった時、重い車椅子を押してくれるのは元子しかいない。

三沢の気持ちは分かった。だが、全日本プロレスの看板は下ろす。看板は俺が持ち帰る。息子たちよ、あとはお前たちで勝手にやれ。

正平は三条の朝を思い出していた。めいっぱいの野菜や果物を積み込んだリヤカーを、母・ミツとともに引いたいくつもの朝のことを。

またあの朝が始まるだけのこと。恵比寿のマンションのガレージにリヤカーはない。1台のキャデラックがあるだけ幸せじゃないか。風だって、雨だって、雪だってしのげるじゃないか。後部座席に下ろした看板を積んで、助手席に元子を乗せて、俺は生きていく。

1998年12月5日。全日本プロレスは年内最終戦を日本武道館で開催した。

正平はいつものようにラッシャー木村、百田光雄とファミリー軍団を結成し、いつものように渕正信、永源遙、菊地毅の悪役商会と対戦した。

正平は2日の長野・松本、3日の静岡両大会を風邪による体調不良を理由に欠場したが、4日の千葉大会には出場。そして、5日の武道館のリングにも上がり、いつものように十六文キックも披露した。ただ、それはロープに背中を預けての一撃だった。

「今から馬場さんと六本木の焼肉屋さんに行くんだけど、一緒に行かない？」

興行終了後、筆者は元子から誘いを受けた。だが、先約があったため丁重にお断りをした。

「あら、残念ね」

「また、今度お願いします」

しかし、また今度の機会は永遠に訪れなかった。

12月7日。渡米の予定があった正平は、念のためにと都内の病院で精密検査を受けた。すると、そのまま入院。数日後、元子は医師から告げられた。

「上行結腸にガンがあり、すでに肝臓にも転移しています」

正平は1990年の入院生活を機に、定期的に病院で精密な検査を受けていた。食生活も見直し、それまでのように寿司や天ぷらやステーキを、食べたいだけ欲求のままに胃袋に流し込むようなことはなくなっていた。

大きな異状などないはずだった。それなのに、どうして。なんで。もっと早く見つけられなかったの。元子は狼狽《ろうばい》した。

「馬場さんの進行はかなり早いと思います」

事務的で、機械的な宣告。ためらいのないナイフが元子の体をえぐる。体に突き刺さる。体を貫く。元子は席を立った。ナイフの刃先を正平に見せてはいけない。元子は痛みをこらえて刃先を体内に押し込んだ。最初で最後の嘘を正平についた。

「腸閉塞だって。ちょっと時間は掛かるかもしれないけど、必ず治るから大丈夫よ」

元子は病室を「鎖国」した。それまでも身の周りの世話をしてきた和田京平と仲田龍、さらには姪のトシ子、佳子だけがドアを開けることを許された。所属レスラーが見舞いに訪れても、元子がロビーで対応した。

クリスマスから年明けにかけて、正平は一時退院し恵比寿の自宅に帰った。その話を耳にした筆者は電話を掛けた。

「もしもし」

くぐもったあの声が聞こえてくることを期待したが、受話器を取ったのは元子だった。

「馬場さん？　うん、今は横になってるけど、元気にしてるわよ。キャピトル〔東急ホテル〕から鶏肉と銀杏《ぎんなん》の炒め物とフカヒレの姿煮を取り寄せてね、さっき食べたところよ」

そう話す元子の声の奥のほうから、「おーい！」だったか「もとこ！」だったか、正平の声がかすかに聞こえた気がした。それが筆者が感じ取ったジャイアント馬場の最後の息遣いとなった。

1999年1月8日。病院に戻った正平は開腹手術を受けた。元子は一縷《いちる》の望みを託したが、確認できたのはガンの転移が広がっていることだけだった。マスコミには「腸閉塞の手術を受け、術後の経過は良好」とアナウンスした。

手術を境に正平の体力は急激に低下していった。1月23日の61回目の誕生日は集中治療室で迎えた。元子は和田、仲田、トシ子、佳子の5人で「ハッピー・バースデー・トゥー・ユー」と合唱した。

「ありがとう」

酸素吸入のマスクが正平の息で白くなった。元子は夫の笑顔を赤くなりかけた目に焼きつけた。

馬場正平が息を引き取ったのは、それから8日後のことだった。

1月31日、午後4時4分。生命維持装置を外してから実に約28時間。ベッドを囲んだ元子たちに

「しっかり心の整理をしろよ」とでも言いたげに、何度でも立ち上がる四天王プロレスをあたかもジャイアント馬場流に表現するかのように、生命の炎を燃やし尽くして、旅立っていった。

2月1日、午後7時。全日本プロレスはジャイアント馬場の死を発表した。

元子は葬儀をひっそりと終えるつもりでいた。闘病生活の末の正平の姿を見せたくない。正平もきっと望んでいない。そう判断した。

だが、インターネットへの匿名の書き込みを端緒に死の噂が一気にメディアを駆け抜け、恵比寿のマンションには多数の取材陣が詰めかける事態となった。

窓の下に広がるその異様な風景を見て、元子は判断が誤っていたことを悟った。所属レスラーは言うまでもなく、お世話になった人、遊び友だち、何よりもジャイアント馬場を応援してくれたファンにこの事実を正確に伝え、最期のお別れをしてもらう必要がある。

元子は記者会見の指示を出した。正式発表を受けて、テレビ各局は一斉にニュース速報を流した。恵比寿には所属レスラーが集結した。

2月2日。前夜は正平と添い寝をした元子。誰もが言葉を失っていた。親族、全日本プロレスのレスラー・社員とともに自宅での密葬に臨んだ。

そして、出棺へ。元子は正平の最後の衣装としてピンクのジャケットを選んだ。1階に降りると、無数のカメラが元子に向けられた。

「本当にありがとう。皆さん、お世話になりました」

声にはならなかったが、元子は深々と一礼をすることで、ふたりの思いを伝えた。

4月17日。日本武道館で「ジャイアント馬場選手お別れの会『ありがとう』」が開催され、日本各地から約2万8000人が参列した。

5月2日。東京ドームでは「ジャイアント馬場『引退』記念興行」が開催され、生涯現役を貫いた正平の引退試合が、国内通算5759試合目としてラインアップされた。

ジャイアント馬場&ザ・デストロイヤー組対ブルーノ・サンマルチノ&ジン・キニスキー組。オーロラビジョンには正平と3人のライバルたちの往年の名勝負が映し出された。

3人からのメッセージに続いて、元子がリングに上がった。正平が愛用してきたリングシューズをその中央に置いた。

惜別のテンカウント。6万5000の観衆は、哀しみを抱きしめて何人もの子どもたちを見送ってきた父の匂いをほのかに感じながら、静かに目を閉じ、まぶたの裏にそれぞれのジャイアント馬場を甦らせた。

その瞬間、ひとつの歴史が完結した。だが、元子の存在がプロレスファンにより強く印象づけられたのは、むしろこのあとだった。

5月7日に全日本プロレスの第4代社長に就任した三沢光晴と元子の「衝突」は、2000年6月の団体分裂という大事件へとつながっていく。

「馬場さんだったら、こんなことは絶対にやりません!」

元子の主張はこの一点に集約された。元子は一日24時間、肌身離さず「ジャイアント馬場」を背負っていた。

1999年5月。明石の本松寺の伊藤家の墓の隣に、元子は馬場家の墓石を建てた。だが、正平の遺骨を納めようとはしなかった。恵比寿の自宅の仏壇の前には、常に白い布で覆われた箱があった。

正平と離れたくない。正平はいつも私の背中にいる。だが、三沢には元子しか見えない。主張は常にすれ違い、やがてぶつかり合う。

結局、三沢は解任という形で社長の座を降り、全日本から去っていった。所属レスラーの大半が後に続いた。

2000年7月。元子は第5代社長となり、全日本プロレスの看板を守ることに全力を尽くした。生前、正平は旗揚げ40周年をレスラー人生の区切りにしようと考えていた。元子は遺志を継ぎ、まさにそのタイミングとなる2002年10月、社長の座を武藤敬司に譲った。

馬場夫妻は1997年、住居としていた8階に加え、新たにワンフロア上の9階の1室を購入した。そこには麻雀部屋もあり、正平は時間を気にすることなく気のおけない雀友と卓を囲んだ。元子は手料理でメンバーをもてなした。

しかし、正平がその部屋を活用できたのは1年あまりに過ぎなかった。

正平にはひとつの夢があった。

「プロレスラーを引退したら、フランスのモンマルトルで絵の勉強をしてみたい」

海の絵が好きだった。アラモアナのマンション、30階の部屋から見える太平洋の白き波を、ただぼんやりと眺める時間が好きだった。

絵のモチーフとなる風景を撮影するために、一眼レフカメラの使い方を本職のカメラマンに尋ねる正平の姿を、筆者はプロレス会場で何度か目撃したことがある。

正平は何事においても手順を踏む人だった。基礎を大事にする人だった。旧知のイラストレーターに「あなたが学校で勉強したことを、俺にそのまま教えてくれないかなあ」と頼んだこともあった。

しかし、モンマルトルの丘で絵筆を握る機会は得られなかった。海の絵も何枚かは描いてみたが「人様には見せられないなあ」が口癖でもあった。

正平にはやり残していることが山ほどあった。元子はその思いも継承した。

筆者の携帯電話が鳴る。元子からのデートのお誘いだった。

「バッティング・センターに連れてってくれないかなあ」

「国会図書館に行ってみたいわ」

プロレス界と一定の距離を置いた2010年代。元子はやってみたいこと、興味を抱いたことを次々に体験していった。

実に楽しげではあったが、本当にやってみたいことは別にあった。いや、元子にとっては絶対にやらねばならぬこと。

「プロレスラー・ジャイアント馬場のことを後世に正しく伝えたい」

2016年。76歳の元子はジャイアント馬場の公式ホームページを開設し、情報発信に努めた。この仕事ができるのは自分しかいない。熱意は正平の郷里へと伝播する。その年の9月。ジャイアント馬場は新潟県三条市の名誉市民に選定された。議会を動かしたのは『三条の英雄・世界のジャイアント馬場を名誉市民にする会』による署名活動だった。

10月15日。元子は三条市役所に足を運び、証書を受け取った。名誉市民に選ばれたという事実もさることながら、ジャイアント馬場を忘れさせまいとする署名の一筆、一筆に胸が熱くなった。

この日を最後に、元子が公の場に姿を見せることはなかった。

2017年1月。自宅で開催された77歳、喜寿のプライベートパーティーでは笑顔を振りまいたが、洋服越しにでもすぐ気づくほどの腹水の膨張ぶりが、30人あまりの参列者を心配させた。

「元子さん、病院に行きましょうよ」

元子は答えた。

「いいの。私は行かないの」

正平の病状を正確に把握できなかった医師への不信感が、腰を重くさせた。

結局、元子の体調が好転することはなかった。ホームページの更新もままならず、まもなく閉鎖された。

広すぎるマンション、2フロアでの独り暮らし。最晩年の元子を支えたのは姪の佳子だった。

肝機能が衰え、いよいよ自宅での療養が難しくなったのが2017年の6月。しぶしぶ都内の病院に入院し腹水を抜いた元子はその後、複数の介護施設で時を過ごした。

運動機能の低下から要介護度5と認定されたものの、看護スタッフを相変わらず口でやり込めるほどに元気ではあった。

「ねえ、よしこ」

毎日のように顔を出す姪に向かって元子が切り出したのは、2018年3月30日のことだった。

「馬場さんが私のこと、トントンするのよ」

元子は夢の中での出来事を話し始めた。

「明日はおじちゃまの月命日。明日だぞって合図を送っていらっしゃられるんですかしらね」

元子は正平の死後、月命日の法要を欠かすことなくおこなってきた。「違うわよ」と首を横に振り、言った。

「馬場さんが言うの。突然、かあちゃんの前からいなくなっちゃって、本当に悪かった。大変な思いをさせて、すごく負担をかけて、申し訳なかったって。それで私が言ったの。いいの、いいの、馬場さん、そんなに謝らないで。そのあとも私は幸せだったよって」

正平との久しぶりの「往復書簡」。すぐに消えてしまいそうな夢の記憶を、元子は丹念になぞっていった。

馬場元子が息を引き取ったのは、それから15日後のことだった。

その前日、4月13日の夜も元子はいつもの元子だった。一日の出来事をあれやこれや佳子にボヤき、憂さ晴らしをすると、晩ごはんをきれいに平らげた。

「よしこ。あんたのことをホームの人が褒めてたわよ」

「えっ、どうしてですか?」

「これほど毎日ホームに来る人はいないんだって。あんたの唯一いいところは、部屋に入ってくると

2018年6月3日の納骨式を経て、正平と元子は伊藤家の墓の隣で静かに眠っている

ムードが変わる。部屋が明るくなるわ」

佳子は予期せぬ叔母の褒め言葉に驚いた。いつ以来だろう。いや、記憶の糸に引っかかるものはない。

元子はルーティンの足裏マッサージを佳子から受けたあと、何の前触れもなく心臓の鼓動を少しずつ弱めていった。

4月14日。元子は自宅にほど近い恵比寿の介護施設から、正平のもとへと旅立っていった。

「お父さんのお墓の横が空いてるから、そこに僕たちも入ろう。そうしたらユーも寂しくないでしょ」

ふたりが交わした約束から33年。2018年6月3日、正平と元子の遺骨が馬場家の墓石の下に納められた。

これからはずっと一緒。もう寂しくはない。いつ手紙が届くんだろう、と気を揉むこともない。いつだってお喋りができる。

「モーちゃん、モーちゃん。お父さんとお母さんが隣からこっちを見てるよ」

「馬場さん、馬場さん。海風を浴びに行きましょうよ」

その寺は、なだらかな坂道の途中にある。視界を遮るものさえなければ、明石海峡の向こうに淡路島の北端を望めそうなちょっとした高台に、その寺はある。

「馬場さん。このお寺とハワイのマンションの30階の部屋、どっちが高い場所にあると思います?」

「どうだろう。やっぱり30階かなあ」

正平は大きな体をめいっぱい伸ばしてみた。元子もヨイショと背伸びをした。腕を組んだふたりの顔に海風が当たった。

はるか遠くに、ハワイの海の白き波が見えた。

あとがき

私が『週刊プロレス』の新米記者としてジャイアント馬場夫妻に「これからよろしくお願いします」と挨拶をしたのは、たしか１９８６年11月のことでした。

その直前まで週刊プロレスは全日本プロレスから取材拒否の措置を受けていたこともあり、私に対する「馬場さん」と元子さんの視線もどこか訝《いぶか》しげではありましたが、やがてどうにかこうにか懐に飛び込むことができたのは記者人生最大の幸運でした。

挨拶を起点に約12年間。私はジャイアント馬場の試合を至近距離で見る機会に恵まれたわけですが、トータル38年あまりのプロレスラー人生から考えればその日々は３分の１にも満たないのです。

本来であれば偉そうに語れる立場にないのですが、そんな私にもしばしば依頼が来ます。

「ジャイアント馬場について教えてください」

目撃者がひとり、またひとり減っていった末に、やがては文字通り「歴史上の人物」となる。ジャイアント馬場は今、そのプロセスにあります。

私が知る12年間は、プロレスラー人生晩年の12年間です。その中から私が依頼者に向けて常に強調するエピソード、それが「明るいプロレスへの転換」です。

本文にも記したように、不透明決着の試合を排除することは、栄光に包まれた自身の歴史を自ら否定する行為でもあったのですが、馬場さんはそこで決断しました。この話をするたびに思います。一時代を築いたスター選手がよくぞ、と。

明るさを追求した背景に野球の存在があったことも本文では触れましたが、本書では5年間のプロ野球生活についてかなりのページを割きました。

1963年生まれの私にとって「プロ野球選手・馬場正平」は完全なる歴史上の人物です。今回さまざまな資料をあたってみて、実は知らないことだらけだったと気づかされました。

たとえば、自伝『王道十六文』をはじめとして、馬場さんが脳腫瘍の手術を受けたのは1957年12月とされてきました。私も「そうだったんだ」と思ってきましたが、正しくはプロ2年目のシーズンオフ、1956年12月の出来事でした。

その手術を経て3年目のシーズンに一軍初登板。そして、日本シリーズの登録メンバーに一度は名を連ねていたことも今回初めて知りました。さらには、シリーズ途中に登録を外されたことも……。

こうした事実に光を当てることができて本当によかったと思っています。それもこれも、すべては「馬場夫妻の手紙をまとめたい」とする元子さんの姪、本書においては「よしこ」として登場する緒方理咲子さんの思いあってこそでした。

一文を寄せてもらいました。


叔母が大事にしていた品の中に数百通にも及ぶラブレターがありました。2017年の夏、叔母の体調がすぐれず病院の先生から「数週間後にどうなってもおかしくない状態」と言われた時、真っ先に「あのラブレターを棺に入れなきゃ」と思いました。そして始まった介護の日々では、叔父への思いやふたりが歩んできた道のり、その思い出などを叔母は語ってくれました。そうした時間を共有することで、私の気持ちが変わっていきました。

「互いに相手を信じ、ふたりが描いているビジョンに向かって何があっても突き進み、結果として大勢の方々に勇気や元気を与える世界を創り出した。その原点を灰にしてはいけないんだ」と。

２０１８年4月14日。永遠の眠りについた叔母の棺に、私はラブレターを入れませんでした。

本書によって、人間・馬場正平と人間・馬場元子のひとつの側面が皆様に伝わりますよう、心より願っております。

ジャイアント馬場の遺品を管理する『株式会社H．J．T．Ｐｒｏｄｕｃｔｉｏｎ』緒方公俊代表の協力のもとで完成に至った本書。取材を通じてお世話になった皆様、「馬場さん」の姪・馬場トシ子さん、同じく甥の武田強さん、元子さんの長姉・川上賀壽子さん、同じく次姉の東節子さん、さらにはレフェリーの和田京平さん、『三条ジャイアント馬場倶楽部』副会長の原田洋一さんにはこの場を借りて御礼申し上げます。

また、夫妻の手紙のセレクトや整理に力を貸してくれたフリーライターの高崎計三さんの存在がなければ、本書は未完になっていたでしょう。最後の最後まで見捨てることなくわが尻を叩き続けてくれた朝日新聞出版書籍編集部の小柳暁子さんとともに、深く感謝申し上げます。

この方々だけではなく、これまでに出会った全日本プロレスのすべてのレスラーやスタッフの皆様、加えて「ターザン」こと山本隆司元編集長をはじめとする週刊プロレスの新旧スタッフにもあらためて感謝の意を表します。

そして、最後に。馬場さんと元子さんへ。

2年半あまりが経過したおふたりでの新生活、いかがお過ごしでしょうか。

馬場さんと元子さんが歩いてきた道のりを丹念にたどることで、それまで知らなかったいくつもの事実や思いに触れました。さて、どのようにまとめるべきなのか。どこまで踏み込んで文字にすべきなのか。何度もキーボードを叩く手が止まりました。

それは2020年9月30日の明け方のことでした。

熱を帯びたパソコンに顔をうずめてウトウトしていると、夢を見ました。

「しっかりやれや」

久しぶりに会う馬場さんでした。その日は馬場さんのデビュー記念日でした。

亡くなった1999年の秋にも1カ月ほど、私の近くにいてくれたことがありましたよね。その期間、どういうわけか中央競馬の重賞レースで「16」に関連した数字が何度も当たり馬券になりました。

馬場さんは事前に教えてくれようとしたのでしょうが、鈍感な私はまるで気づかず、ハズレ馬券だけを積み重ねるうちに馬場さんの気配はいつしかスーッと消えていきました。

それ以来の「しっかりやれや」。私は本書に対するゴーサインだと解釈しました。

いやいや、そんなことは言っとらんぞ。お叱りはいずれまたそちらの世界でお目に掛かった時、甘んじてお受けします。葉巻の煙をプカーッと天に向かって吐き出されるでしょうか。

もしくは、元子さんが飛んできて公衆の面前でお説教でしょうか。
それもまた楽しみです。

2021年1月23日

市瀬英俊

ジャイアント馬場略年譜

三条実業高校時代の馬場（後列左から3人目）、野球部での活動は実質的には半年ほどだった

ジャイアント馬場の生家（写真：馬場トシ子提供）

1938 1月23日、新潟県三条市西四日町で青果商を営む馬場一雄、ミツ夫妻の間に生まれる。兄1人、姉2人。体重は750匁（約2800グラム）だった。
1940 1月2日、伊藤元子、兵庫県明石市で生まれる。姉2人、兄1人。
1944 4月、四日町国民学校に入学。新入生の中では最も身長が低かった。
1946 4月、元子、小学校入学。
1948 4月、小学5年になった頃から体が大きくなり始め、家業を手伝うかたわら、少年野球団「若鮎クラブ」に加入。エースとして活躍。
1950 4月、三条市立第一中学校に入学。野球部で中越大会優勝。
1952 4月、元子、中学校入学。
1953 4月、新潟県立三条実業高校（現・県立三条商業高校）機械科に入学。美術部に入部。
1954 4月、高校2年の春、硬式野球部に入部。
7月18日、中越地区大会1回戦で長岡高校に0対1で惜敗。馬場にとってはこれが「最初で最後の夏」となった。
10月、高校を中退してプロ野球の読売巨人軍に投手として入団。背番号59。
1955 3月、巨人軍明石キャンプ中に伊藤家に招かれる。
4月、元子、高校入学。
1956 12月22日、脳腫瘍の摘出手術を受ける。
1957 8月25日、甲子園球場での大阪タイガース（現・阪神タイガース）戦で一軍公式戦デビュー。最初の対戦相手は吉田義男。打者3人を三者凡退に抑える。
10月23日、後楽園球場での中日ドラゴンズ戦でプロ初先発。5回1失点ながら敗戦投手となる。
1958 4月、元子、神戸山手女子学園短期大学入学。
1960 2月、前年限りで巨人から戦力外通告を受けたあと、大洋ホエールズ（現・横浜DeNAベイスターズ）の春季明石キャンプにテスト

短髪のイメージが濃い馬場だが、長髪だったことも

マネジャーのグレート東郷（中央）が場を仕切る形で、武者修行時代の馬場（左）はメディアに対応していった

生として参加も、風呂場で転倒し左肩から腕にかけてを負傷。プロ野球人生に終止符を打つ。元子、負傷した馬場をお見舞い。
3月、元子、短大卒業。卒業後は花嫁修業。
4月11日、この前日にブラジル遠征から帰国した力道山に対して、日本プロレス入門を申し入れ受諾される。猪木寛至（アントニオ猪木）とも初めて対面。
9月30日、東京・台東体育館、対田中米太郎戦でプロレスラーとしてデビュー（15分1本勝負）。5分15秒、股裂きで勝利を収める。

1961 7月1日、芳の里、マンモス鈴木とともに自身初のアメリカ武者修行に羽田空港から出発。生まれて初めての飛行機搭乗。所持金は餞別として受け取った30ドルのみ。

1962 3月9日、アメリカ・シカゴでバディ・ロジャースのNWA世界ヘビー級王座に初挑戦。
7月、アメリカ武者修行中の試合で十六文キックを初公開。

1963 3月17日、渡米していた力道山とともに約1年8カ月ぶりに凱旋帰国。
10月7日、2度目のアメリカ遠征に出発。
12月15日、力道山死去。

1964 4月3日、アメリカ遠征から約半年ぶりに帰国。その足で「第6回ワールド・リーグ戦」の開幕戦、東京・蔵前国技館大会に出場。
4月、明石を訪れ元子と再会。元子、のちにプロレス初観戦。大阪府立体育館。

1965 2月1日、3度目のアメリカ遠征に出発。この遠征中に三十二文人間ロケット砲を習得。3月21日に帰国。
10月29日、静岡・駿府会館でのタッグマッチ（3本目）で、アルバート・トーレスのフライング・ヘッドシザースによって左側頭部からマットに突っ込み、体を動かすことができなくなる。試合後、静岡市内の病院に運ばれ、2日間のドクターストップがかかったが、

ユーモラスな一面も馬場の魅力のひとつだった（左から吉村道明、大木金太郎、喜劇俳優・大村崑、馬場）

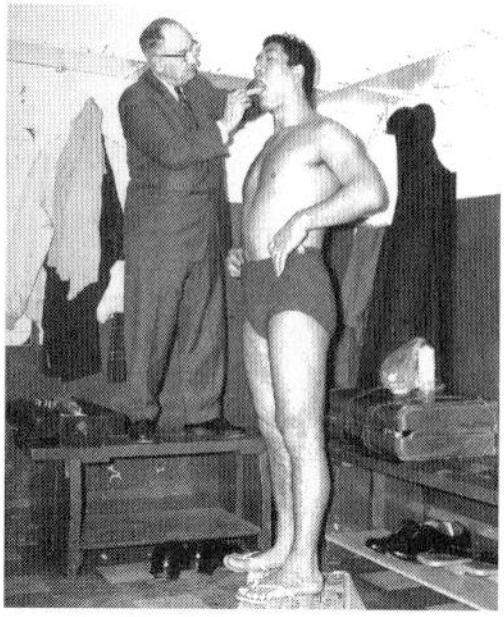

アメリカ武者修行中のひとコマ。医師が台に乗って馬場の口の中を検査

翌30日、さらに11月1日もタッグマッチに登場。

11月24日、大阪府立体育館でNWA代表のディック・ザ・ブルーザーを相手にインターナショナル王座決定戦。ブルーザーの暴走により1、2本目とも反則で勝利を収め、第3代新王者となる。

1966 5月13日、東京体育館で「第8回ワールド・リーグ戦」の決勝戦。ウイルバー・スナイダーを2－1で下し、同リーグ戦初優勝を飾る。
12月3日、日本武道館でのプロレス初興行。フリッツ・フォン・エリックを相手にインター王座の防衛戦。超満員1万4500人の大観衆が見守るなか、2－1で勝利を収め7度目の防衛に成功。

1967 2月17日、元・柔道日本一、坂口征二が日本プロレスに入団。馬場も入団会見に同席し、終了後には坂口とともにハワイへ出発。

5月12日、岐阜市民センターでアントニオ猪木と初タッグを結成。

8月14日、国際プロレス（大阪府立体育館）との興行戦争となった「大阪夏の陣」。大阪球場でジン・キニスキーを相手にインター王座の防衛戦。1－1から時間切れのあと5分延長も決着はつかず。2万人の大観衆の前で14度目の防衛に成功。

9月14日、元子、アジア旅行社社員採用。ロサンゼルスへ。

10月31日、大阪府立体育館で、アントニオ猪木とのコンビでビル・ワット＆ターザン・タイラー組が保持するインターナショナル・タッグ王座に挑戦。2－1で勝利を収め、第9代王者となる。


1968 6月25日、愛知県体育館で、ボボ・ブラジルを相手にインター王座の防衛戦。両者リングアウトのあとの3本目はブラジルの必殺技「ココバット」に沈み無念の敗退。22度目の防衛に失敗。

6月27日、東京・蔵前国技館で、ボボ・ブラジルが保持するインターナショナル王座に挑戦。1本目は失うも、2本目は三十二文人間ロケット砲で取り返し、3本目はリングアウトで勝利。馬場が第5代王座に返り咲く。

11月15日、父・一雄が亡くなる。

馬場はインターナショナル王者として通算49回の防衛に成功した

互いに認め合う好敵手、ボボ・ブラジルをコブラツイストで攻め立てる

1969　8月10日、東京・田園コロシアムで、ザ・ブッチャーを相手にインター王座の防衛戦。2－1で勝利を収め、9度目の防衛に成功。4日連続タイトルマッチの第1戦。

8月11日、北海道・札幌中島スポーツセンターで、アントニオ猪木とのコンビでディック・ザ・ブルーザー&クラッシャー・リソワスキーを相手にインター・タッグ王座の防衛戦。1－2で敗れ5度目の防衛に失敗。4日連続タイトルマッチの第2戦。

8月12日、北海道・札幌中島スポーツセンターで、ディック・ザ・ブルーザーを相手にインター王座の防衛戦。2－1で勝利を収め、10度目の防衛に成功した。4日連続タイトルマッチの第3戦。

8月13日、大阪府立体育館で、アントニオ猪木とのコンビでディック・ザ・ブルーザー&クラッシャー・リソワスキー組を2－1で破り、第14代のインターナショナル・タッグ王座に返り咲いた。馬場にとっては4日連続のタイトルマッチ&1500試合連続出場を白星で飾った。

1970　7月30日、大阪府立体育館で、当時NWA世界ヘビー級王者のドリー・ファンク・ジュニアを相手にインターナショナル王座の防衛戦。1－1からの3本目は両者リングアウトとなり、16度目の防衛に成功した。体感温度が40度を超えるなかでの死闘によって、3本目の途中には意識もうろうとなり、思わず心の中で「お母さ〜ん！　何とかしてくれよ！」と叫んだという。

12月3日、大阪府立体育館で、ジン・キニスキーを相手にインターナショナル王座の防衛戦。1本目を三十二文人間ロケット砲で先取したが、2本目はシュミット流バックブリーカー、3本目はバックドロップの前に3カウントを奪われ王座転落。19度目の防衛に失敗。

12月19日、ロサンゼルスのオリンピック・オーデトリアムで、ジン・キニスキーが保持するインターナショナル王座に挑戦。1－1からの3本目は逆エビ固めで勝利、馬場が第7代王座に返り咲いた。

馬場のスケールの大きさを象徴する技、ココナッツ・クラッシュ

スケジュールの合間を縫って馬場はたびたび渡米、元子と時間を共有した

1971

1月14日、元子、河合キミと養子縁組。

5月19日、大阪府立体育館で「第13回ワールド・リーグ戦」の決勝戦。4選手が1位同点で並んだが、アントニオ猪木対ザ・デストロイヤー戦は両者リングアウトとなり、アブドーラ・ザ・ブッチャーから勝利を収めた馬場が2年連続5度目の優勝を飾る。試合後、猪木が馬場のインター王座への挑戦を表明。

5月28日、日本プロレス協会の平井義一会長と、日本プロレス興業の芳の里代表が東京・後楽園ホールで記者会見を開き「猪木の挑戦は時期尚早」としてBI対決の見送りを発表した。

7月18日、母・ミツが亡くなる。馬場は「日曜日だヨ★ドリフターズ!!」(日本テレビ系)ゲスト出演前に危篤の報を受けたが、出演をキャンセルできず、母の死に立ち会うことはできなかった。

9月16日、ハワイのカハラ・ヒルトンホテルで元子と結婚式を挙げる。

12月7日、北海道・札幌中島スポーツセンターで、アントニオ猪木とのコンビでドリー・ファンク・ジュニア&テリー・ファンク組を相手にインターナショナル・タッグ王座の防衛戦。1-2で敗れ王座転落、15度目の防衛に失敗した。13日に猪木が日本プロレスを除名されたため「BI砲」としてはこれが最後の試合となった。

1972

4月3日、NETテレビ(現・テレビ朝日)の「NETワールドプロレスリング」に馬場が初登場。日本テレビの承諾がないまま、日本プロレス幹部が見切り発車したものだった。

5月12日、東京体育館で「第14回ワールド・リーグ戦」の決勝戦。ゴリラ・モンスーンを2-1で下し、3年連続6度目の優勝を飾る。この日の生中継をもって日本テレビは金曜夜8時の中継を打ち切った。

5月19日、ロサンゼルスのオリンピック・オーデトリアムで、坂口征二とのコンビでドリー・ファンク・ジュニア&テリー・ファンク

アブドーラ・ザ・ブッチャーに十六文キックがクリーンヒット！

読書家でもあった馬場。中でも歴史小説を好んだ

組が保持するインタータッグ王座に挑戦。2－1で勝利を収め、第16代王者となった。

6月1日、大阪府立体育館で、ジョニー・バレンタインを相手にインター王座の防衛戦。2－1で勝利を収め10度目の防衛に成功。馬場にとってはこれが最後のインター戦となった。

7月5日、北海道・札幌中島スポーツセンターで、坂口征二とのコンビでキラー・コワルスキー&ムース・ショーラック組を相手にインター・タッグ王座防衛戦。2－1で勝利を収め2度目の防衛に成功。馬場にとっては日本プロレスにおける最後のタイトル戦となった。

7月29日、東京・赤坂プリンスホテルで記者会見を開き、日本プロレスからの独立を発表。

8月18日、日本プロレスの「サマー・ビッグ・シリーズ」最終戦、宮城・石巻市中央広場特設リング大会に出場。大木金太郎とのコンビでザ・モンゴルズ（ジート&ベポ）を2－1で下した試合が、日本プロレスでのラストファイトとなった。国内通算1663試合目。

8月25日、新団体の設立に向けて、日本テレビのスタッフとともに渡米。

9月2日、記者会見を開き、インターナショナル王座とインターナショナル・タッグ王座の返上を発表。

9月9日、東京・赤坂プリンスホテルで記者会見を開き、新団体「全日本プロレスリング株式会社」の設立を発表。

10月21日、東京・町田市体育館で全日本プロレスの第1戦。「旗揚げジャイアント・シリーズ」前夜祭として開催された。日本テレビ系列で生中継。

1973 3月16日、力道山ゆかりのベルトの争奪戦（全10戦）で8勝0敗2分の成績を残した馬場が初代PWF認定世界ヘビー級王者となる。

1974 12月2日、鹿児島県立体育館で、ジャック・ブリスコが保持するNWA世界ヘビー級王座に挑戦。1－1からの3本目、3分20秒、ラ

ここ一番での大技、ランニング・ネックブリーカードロップ

馬場に対するラッシャー木村のマイク・パフォーマンスは、全日本プロレスの名物になった

ンニング・ネックブリーカードロップからの体固めで勝利。第49代王者となる。

1979 8月26日、東京・日本武道館で開催された「夢のオールスター戦」で、71年12月7日以来となるアントニオ猪木とのタッグを結成。アブドーラ・ザ・ブッチャー&タイガー・ジェット・シン組を撃破(13分3秒、猪木がシンを逆さ押さえ込み)。

1981 12月21日、東京ヒルトンホテルで記者会見を開き、1981年いっぱいで馬場が全日本プロレス社長の座を退き、会長に就任する旨を発表。

1982 2月4日、東京体育館で、スタン・ハンセンを相手にPWFヘビー戦。超満員1万500人の大観衆が見守るなか、熱戦を展開。12分39秒、両者反則に終わったが、健在ぶりをアピール。この一戦は「プロレス大賞」の年間最高試合に選出。

6月17日、馬場正平と河合元子、婚姻届を提出。

12月31日、民放テレビ局連合の「ゆく年くる年」にキャスターとして出演。

1983 1月23日、東京ヒルトンホテルで「ジャイアント馬場くんをますますテレさす会」が開催。

1985 7月30日、福岡スポーツセンター大会でスタン・ハンセンに敗れPWFヘビー級王座から転落。この試合をもってシングルのタイトル争いから撤退した。

10月19日、この日の東京・後楽園ホール大会から「全日本プロレス中継」がゴールデンタイムに。馬場はレギュラー解説者となる。

11月19日、元子の父・伊藤悌が亡くなる。

1988 8月29日、東京・日本武道館で「ブルーザー・ブロディ・メモリアル・ナイトin武道館」を開催。馬場はラッシャー木村と一騎打ち。11分20秒、ランニング・ネックブリーカードロップからの体固めで勝利を収めると、試合後に木村が「1回でいいからオマエのことを

数々の激闘を繰り広げたスタン・ハンセンと1990年代にはたびたびタッグを組んだ

1990年9月30日、ファン待望のアンドレ・ザ・ジャイアントとの初対決が実現

アニキと呼ばせてくれ」と驚きのマイクパフォーマンス。

1989 4月1日、ジャイアント馬場が全日本プロレスの社長に復帰。

4月4日、神奈川・横浜文化体育館で、馬場&木村&百田光雄の「ファミリー軍団」初結成。仲野信市&高木功&田上明組相手に勝利を収める。

1990 5月14日、新装なった東京体育館で「90スーパーパワー・シリーズ」の開幕戦。馬場はメインイベントでジャンボ鶴田とコンビを結成。テリー・ゴディ&スティーブ・ウイリアムス組と対戦したが、試合中に背中をコーナーマットに強打。動きが鈍ったところへパワーボム、ラリアットを決められ、20分48秒、ゴディに3カウントを奪われる（体固め）。

7月11日、「クイズ世界はSHOWbyショーバイ!!」（日本テレビ系）に出演。何を作っているかを当てる映像クイズ（正解はボクシンググローブ）で、周囲の期待のなか、照れ気味に「赤べこ」と回答。司会の逸見政孝がズッこける。

7月16日、富山・滑川市総合体育館で、ジョー・ディートンと対戦し、11分17秒、河津落としからの片エビ固めで勝利。これが生涯最後のシングルマッチとなる。

9月30日、東京・後楽園ホールでデビュー30周年記念試合。アンドレ・ザ・ジャイアントとの初対決が実現した。

11月30日、北海道・帯広市総合体育館で、ザ・ファンクスと「90世界最強タッグ決定リーグ戦」の公式戦で激突。試合中、馬場はドリーとともに場外に転落した際、左半身を強打。続行は不可能となり（11分41秒、両軍リングアウト）、病院での診断の結果、左大腿骨亀裂骨折で全治3カ月の重傷と判明。馬場&アンドレ組は翌日以降のリーグ戦を棄権。

1991 3月1日、東京・新宿の東京医科大学病院を約3カ月ぶりに退院。

6月1日、東京・日本武道館大会で、「復活の日」と称し183日

1998年1月23日、60歳の誕生日に還暦記念試合に臨んだ馬場。照れくさそうに赤いちゃんちゃんこを受け取った

1997年11月15日、巨人対阪神OB戦に出場

ぶりの実戦復帰。ラッシャー木村&渕正信とのトリオで、アブドーラ・ザ・ブッチャー&ジャイアント・キマラI&ジャイアント・キマラII組と対戦。13分3秒、初公開の技、DDTからの片エビ固めでキマラIIをフォール。復帰戦を白星で飾る。

1992　10月21日、東京・日本武道館で「旗揚げ20周年記念興行」。馬場はスタン・ハンセン&ドリー・ファンク・ジュニアとトリオを結成し、ジャンボ鶴田&アンドレ・ザ・ジャイアント&テリー・ゴディ組と対戦。夢の6人タッグマッチに超満員の観衆は入場シーンから熱狂。試合は14分32秒、鶴田が首固めでドリーから3カウント奪取。

1993　4月20日、この日の福島体育館大会で前人未到の国内通算5000試合出場を達成。馬場はラッシャー木村&百田とトリオを結成し、ジョー・ディートン&永源&泉田竜舞組と対戦（16分27秒、百田がバックドロップで泉田から3カウント）。試合前には選手会長の三沢光晴から花束が馬場に贈られる。

7月29日、東京・日本武道館で、ザ・デストロイヤーが引退試合。馬場はデストロイヤー、さらには息子のカート・ベイヤーとトリオを結成し、渕正信&井上雅央&永源遙組と対戦。試合は13分8秒、デストロイヤーが足4の字固めで井上からギブアップを奪い、有終の美を飾る。

1995　1月19日、阪神・淡路大震災の2日後、大阪府立体育会館で興行開催。馬場はジャンボ鶴田&三沢光晴とトリオを結成し、秋山準&大森隆男&本田多聞組と対戦。試合は15分37秒、三沢がタイガードライバーで大森から3カウント奪取。

1997　11月15日、静岡・草薙球場で開催されたプロ野球巨人対阪神のOB戦に出場。馬場は代打として登場も、結果は無念の三振。

1998　1月23日、東京・後楽園ホールで「還暦記念試合」に登場。60歳の誕生日を迎えた馬場は三沢光晴&マウナケア・モスマンとトリオを結成し、川田利明&小橋健太&渕正信組と対戦。試合は29分27秒、

1998年5月1日、東京ドーム大会に出場した馬場。新崎人生の「ロープ拝み渡り」に客席がドッと沸いた

還暦記念試合でのひとコマ。当時、「四天王」と呼ばれていた川田利明とも真っ向勝負

馬場がランニング・ネックブリーカードロップを渕に決めて3カウント奪取、健在ぶりをアピールした。試合後には「まだやれるんじゃないかと」と発言。

5月1日、全日本プロレス単独としては初の東京ドーム大会を開催。5万8300人の大観衆が見つめるなか、馬場は「FMW」のハヤブサとチームを初結成。志賀賢太郎を加えたトリオで、新崎人生&ジャイアント・キマラ&泉田純組と対戦。馬場と初対決の新崎が「ロープ拝み渡り」を決めたシーンは記憶に残る名場面となる。試合はハヤブサがファイヤーバード・スプラッシュで泉田をフォール。

11月23日、福岡・博多スターレーンで、三沢光晴&小川良成とトリオを結成し、川田利明&田上明&泉田純組と対戦。馬場にとってはこれが生涯最後のメインイベント登場となる。試合は小川が4の字ジャックナイフ固めで泉田をフォール。

12月2日、長野・松本市総合体育館大会を風邪を理由に欠場。

12月3日、ツインメッセ静岡大会を欠場。

12月4日、千葉公園体育館大会で復帰。

12月5日、年内最終戦の日本武道館大会に出場（ジャイアント馬場&ラッシャー木村&百田光雄組対渕正信&永源遙&菊地毅組）。国内通算5758戦目。試合は16分3秒、百田がエビ固めで永源をフォールした。シリーズ終了後、検査入院に入る。

1999

1月2日、この日、東京・後楽園ホールで開幕の「99新春ジャイアント・シリーズ」を欠場。

1月31日、午後4時4分、肝不全により永眠。

2月2日、自宅にて密葬。戒名は顕峰院法正日剛大居士。

4月17日、日本武道館で「ジャイアント馬場選手お別れの会『ありがとう』」を開催。全国から2万8000人のファンが駆けつける。

5月2日、東京ドームで「ジャイアント馬場『引退』記念興行」を開催。国内通算5759試合目としてジャイアント馬場&ザ・デス

1999年5月2日。東京ドームのリング上に馬場のリングシューズが置かれ、惜別のテンカウントが打ち鳴らされた

1999年4月17日、日本武道館で開催された「お別れの会」には全国各地からファンが駆けつけた

トロイヤー組対ブルーノ・サンマルチノ＆ジン・キニスキー組が組まれ、オーロラビジョンに過去の名勝負映像が映し出された。観衆6万5000人。

2001　1月28日、東京ドームで「ジャイアント馬場三回忌追悼興行」を開催。観衆5万8700人。

2005　2月5日、日本武道館で「ジャイアント馬場七回忌追善興行〝王道伝説〟」を開催。観衆1万4500人。

4月7日、元子の母・夏子が亡くなる。

2011　1月31日、東京・キャピトル東急ホテルでジャイアント馬場十三回忌「偲ぶ会」を開催。約150人が出席。

2015　1月31日、東京・後楽園ホールで「ジャイアント馬場十七回忌追善興行」を開催。観衆1711人。

2016　9月5日、ジャイアント馬場が三条市名誉市民に選定される。

2018　**4月14日、元子、永眠。**

6月3日、兵庫県明石市の本松寺に馬場夫妻の遺骨が納骨される。

2019　2月19日、東京・両国国技館で「ジャイアント馬場没20年追善興行〜王者の魂〜」を開催。観衆8800人。

2021　2月4日、東京・後楽園ホールで「ジャイアント馬場23回忌追善興行」を開催（予定）。

＊ゴシック部分は馬場元子に関する事項

参考文献

【書籍・ムック】
越智正典『多摩川巨人軍』日刊スポーツ出版社、1979年
東京読売巨人軍50年史編集委員室編『東京読売巨人軍五十年史』東京読売巨人軍、1985年
ジャイアント馬場『16文の熱闘人生』東京新聞出版局、1994年
ジャイアント馬場『ジャイアント馬場　オレの人生・プロレス・旅』ジャイアント・サービス、1998年
久米宏『最後の晩餐　久米宏対話集』集英社、1999年
『ジャイアント馬場〈引退記念＆追悼〉完全号　王道16文大全集』日本スポーツ出版社、1999年
『スポーツ伝説シリーズ8　馬場本』ベースボール・マガジン社、1999年
馬場元子『ネェ　ネェ　馬場さん』講談社、2000年
ジャイアント馬場『王道十六文　完全版』ジャイアント・サービス、2000年
馬場元子監修『ジャイアント馬場　王道ミュージアム』エンターブレイン、2005年
馬場元子監修『ジャイアント馬場　甦る16文キック』（DVD 付きマガジン）第1～5巻、小学館、2012年
柳澤健『1964年のジャイアント馬場』双葉社、2014年
広尾晃『巨人軍の巨人　馬場正平』イースト・プレス、2015年
松井正『二軍史　もう一つのプロ野球』啓文社書房、2017年
小泉悦次『史論　力道山道場三羽烏』辰巳出版、2020年

【新聞・雑誌】
・月号については本文中に記載

朝日新聞
読売新聞
報知新聞
スポーツニッポン
東京スポーツ
『文藝春秋』
『ベースボール・マガジン』
『週刊ベースボール』
『週刊ジャイアンツ』
『プロレス＆ボクシング』
『週刊プロレス』
『週刊文春』
『週刊明星』
『週刊女性』

【著者略歴】
市瀬英俊（いちのせ・ひでとし）
1963年、東京都生まれ。千葉大学法経学部卒業。『週刊プロレス』全日本プロレス担当記者等を経て、現在スポーツライター。著書に『夜の虹を架ける　四天王プロレス「リングに捧げた過剰な純真」』（双葉社）、『ワールドプロレスリングの時代　金曜夜８時のワンダーランド』（朝日新聞出版）など。

誰《だれ》も知《し》らなかったジャイアント馬場《ばば》

2021年２月28日　第１刷発行

著　　者　市瀬英俊
発 行 者　三宮博信
発 行 所　朝日新聞出版
〒104-8011　東京都中央区築地５-３-２
電話　03-5541-8832（編集）
03-5540-7793（販売）
印 刷 所　株式会社 廣済堂

Published in Japan by Asahi Shimbun Publications Inc.
ISBN978-4-02-251740-1
定価はカバーに表示してあります。